SingLiesel

Annika Schneider

Geschichten voller Sprichwörter

Satz und Gestaltung Cover: Röser MEDIA GmbH & Co. KG, Karlsruhe
Satz und Gestaltung Innenteil: Satz für Satz, Wangen im Allgäu

Druck: FINIDR, s.r.o.
Printed in Czech Republic

ISBN 978-3-944360-35-5

1. Auflage

www.singliesel.de

Annika Schneider

Geschichten voller Sprichwörter

Frisch gewagt ist halb gewonnen

INHALT

VORWORT

Gedächtnisübungen für Senioren sollen vor allem eines – Spaß machen! Sie sollten anregend und spielerisch gestaltet sein und Erfolgserlebnisse vermitteln. Ein guter Anhaltspunkt für die Auswahl der Themen und Übungen ist die Biografie der Teilnehmenden. Aber auch die Jahreszeiten, Feste und Feiertage werden immer wieder gerne angenommen.

In der Praxis haben sich Übungen mit Sprichwörtern besonders bewährt, insbesondere bei der Begleitung von Menschen mit Demenz. Sprichwörter und Redewendungen sind tief in unserem Langzeitgedächtnis verankert und sind von daher auch noch Menschen in einem fortgeschrittenen Stadium der Demenz lange präsent. Aber auch fittere Senioren haben durchaus ihre Freude an Übungen mit Sprichwörtern.

Die Sprichwortgeschichten in diesem Buch sind für das Gedächtnistraining mit Senioren und Menschen mit demenziellen Erkrankungen geschrieben worden. Das Besondere an den Geschichten ist, dass die Zuhörer hier aktiv mitmachen können. Innerhalb der Geschichten befinden sich regelmäßig Lücken, in die bekannte Sprichwörter und Redewendendungen eingebettet sind. Diese Lücken sollen von den Senioren ergänzt werden. Der erste Teil ist jeweils vorgegeben.

Je nach Ressourcen der Gruppe kann man die Sprichwörter beim Vorlesen besonders betonen und nach dem ersten Teil eine kurze Pause machen. Erfahrungsgemäß werden die Sprichwörter dann automatisch ergänzt. Manchmal genügt es, nur das erste Wort einer Redewendung vorzulesen, und alle wissen, was gemeint ist. Ein anderes Mal kann wiederum nur das letzte Wort von der Gruppe ergänzt werden. Was für Ihre Teilnehmer an dieser Stelle das Richtige, und was vor allem möglich ist, wissen Sie am besten!

Noch ein kleiner Tipp: Die Sprichwortgeschichten drehen sich jeweils immer um ein besonderes Thema. Hier bieten sich biografiebezogene Gespräche unter den Senioren im Anschluss an die Geschichten an. Bringen Sie Gegenstände oder Materialien zu dem jeweiligen Thema mit, die von den Teilnehmern angesehen und angefasst werden können – damit integrieren Sie gleich Übungen für die Sinneswahrnehmung. Gesprächsstoff bieten die Sprichwörter und Redewendungen aber unter Umständen auch selbst.

Ich wünsche Ihnen viel Freude mit den Sprichwortgeschichten!

Annika Schneider

ALTE LIEBE ROSTET NICHT

Benno liebte sein Auto! Was hatten die beiden nicht alles zusammen erlebt.

Durch dick und ... dünn

waren sie gegangen. Durch die Stadt und über Land hatte sein Auto ihn gefahren. Damals hatte Benno es für ein paar Hundert Mark gekauft und in seiner kleinen Werkstatt auf Vordermann gebracht. Wie man Autos repariert, das wusste Benno von seinem Vater. Er hatte ihm schon als Kind beigebracht, was er alles wissen musste.

„Früh übt sich, ... wer ein Meister werden will",

hatte der Vater immer gesagt. Und er hatte Recht behalten. Über die Jahre hatte Benno immer mehr an Erfahrungen gewonnen. Nicht zuletzt, weil sein Auto ihn das ein oder andere Mal handwerklich herausforderte.

Kleine Reparaturen mussten regelmäßig durchgeführt werden. Aber im Stich gelassen hat sein Auto ihn nie. Dafür hat Benno es auch immer sorgfältig mit Öl und Benzin versorgt – denn

kleine Geschenke erhalten ... die Freundschaft.

Natürlich hat er auch den Lack immer sorgfältig

gehegt und ... gepflegt,

sodass am Auto auch nach vielen Jahren auf der Straße keine Kratzer oder rostigen Stellen zu finden waren.

Meist fuhr Benno mit seinem Auto durch den Stadtverkehr – zur Arbeit, zum Einkaufen oder zum Zahnarzt. An den Wochenenden jedoch genossen er und sein Auto die langen Fahrten über Land. Oft fuhren sie zu einem abgelegenen See, um einfach mal die Seele baumeln zu lassen und den Anstrengungen des Alltags zu entfliehen. Jeder weiß ja:

In der Ruhe liegt ... die Kraft.

Benno grillte sich dort meist ein Würstchen, trank Limonade und las ein Buch. An anderen Tagen besuchte er den Hof seiner Eltern. Da sein Vater viel mehr Werkzeuge besaß als Benno, war es ab und an sogar notwendig, dass er ihn besuchte – immer dann, wenn es an seinem Auto einmal wieder etwas zu tun gab. Meist begrüßte ihn sein Vater mit den Worten: „Na, mein Junge, rollt der Wagen noch?“ Und Benno antwortete mit einem verschmitzten Lächeln: „Aber gewiss, Vater.

Alte Liebe ... rostet nicht!

Ich muss nur mal wieder unter die Motorhaube schauen, ob alles noch in Ordnung ist. Der Wagen fährt sich zwar momentan ganz gut, aber es kann ja durchaus sein, dass mich

der Schein ... trügt.

Und ich möchte wirklich nicht in der Stadt auf einmal an der roten Ampel liegen bleiben. Oder gar auf dem Weg hier zu euch hinaus. „Ja, das stimmt, Junge“, entgegnete sein Vater.

„Vertrauen ist gut ... Kontrolle ist besser.

Komm, ich helfe dir, dann bist du schneller fertig.

Vier Augen sehen ... mehr als zwei!"

Benno nahm die Hilfe seines Vaters gerne an. Zum einen hatte der Senior einiges mehr an Erfahrung, wenn es um Autos ging. Und zum anderen genoss Benno die Zeit mit seinem Vater in der Werkstatt. Das gemeinsame Werkeln erinnerte ihn an früher, als sie oft den ganzen Samstag in der Werkstatt verbrachten. Sie hatten immer etwas zum Reparieren, zum Schrauben oder zum Auseinandernehmen gefunden. Später setzten sie sich dann, umgezogen und frischgemacht, zum Abendessen in die Stube. Wie auch an diesem Tag.

Seine Mutter freute sich sehr, ihren Junge einmal wieder bei sich zu haben. Allerdings betrachtete sie das Auto schon lange mit argwöhnischen Blicken. Sie hätte es lieber gehabt, wenn ihr Sohn sich ein neues angeschafft hätte. „Ach, Mutter“, sagte Benno und lächelte sie an, „ich fahre gerne in meinem Auto. Und es fährt doch auch gut. Ich habe so viele Bekannte, die alle Probleme mit ihren neuen Autos haben. Drum sage ich mir immer:

Besser den Spatz in der Hand … als die Taube auf dem Dach.

Wir sind schon so lange miteinander gefahren, das wird wohl noch ein paar Tage gutgehen!“ Er zwinkerte ihr zu und gab ihr einen Kuss auf die Wange. Dann nahm er die Schüssel mit dem Kartoffelsalat zu sich herüber …

DIE AXT IM HAUS ERSPART DEN ZIMMERMANN

Theo Zimmermann hieß zwar Zimmermann, war aber kein Zimmermann. Mit ihm hatte das Sprichwort

„Die Axt im Haus ... erspart den Zimmermann"

überhaupt nichts zu tun. Im Gegenteil: Theo hatte sogar

zwei linke ... Hände.

Alle handwerklichen Tätigkeiten im Haus übte seine Frau Hilde aus. Hilde hieß Zimmermann und war auch eine echte Frau Zimmermann. Sie nagelte Bilder an die Wand, reparierte das Garagentor und reinigte den verstopften Abfluss. Sie konnte sogar Armbanduhren wieder zum Laufen bringen. Das ging bei ihr

mit viel Geduld ... und Spucke.

Ihr Vater war Uhrmachermeister gewesen. Und obwohl Hilde diesen Beruf nicht erlernt hat, hat sie sich früher als Kind vieles bei ihm abgeschaut. Ihr Onkel war ein echter Zimmermann gewesen – wahrscheinlich lag also das handwerkliche Talent schon in ihrer Familie. Dass sie, Hilde Müller, dann einen Herrn Zimmermann heiratete, war purer Zufall gewesen. Aber ein lustiger. Letztens stand Theo Zimmermann einmal wieder

wie der Ochs ... vorm Berg.

Die Reifen am Auto mussten gewechselt werden. Den Wagenheber konnte er betätigen, das Auto aufbocken auch. Als es dann aber daran ging, die Schrauben zu lockern, rief er nach kurzer Zeit seine Hilde.

Der Schraubendreher und er würden wohl in diesem Leben keine Freunde mehr werden.

In solchen Situationen fragte sich Theo immer, wie Hilde und er eigentlich zusammenpassen konnten. Hilde sah das ganz gelassen und sagte einfach:

„Gegensätze ... ziehen sich an,

mein Schatz. Das wussten schon viele Leute vor uns!“ Dabei lächelte sie ihn an und fügte hinzu: „Dafür bist du doch der bessere Koch von uns beiden! An deine Schweinemedaillons komme ich nicht heran! Und

die Liebe geht ja auch ... durch den Magen."

Nun lächelte auch Theo. Er sah sich in der Garage um und holte die Reifen von der Wandhalterung.

Dann griff er nach dem Rasenmäher und machte sich auf, das Gras zu mähen. Viermal brachte er den vollen Auffangkorb zum Komposthaufen – das war wohl höchste Zeit gewesen!

Mit dem Kantenschneider bearbeitete er noch die Ränder, entfernte etwas Moos von den Pflastersteinen und räumte anschließend die Gartengeräte zurück in die Garage. Sein Blick fiel auf Hilde, die gerade dabei war, den letzten Reifen zu montieren.

Es fühlte sich immer noch an wie am ersten Tag: Immer, wenn er sie anschaute, machte sein Herz einen kleinen Sprung. Dabei war es doch schon über zwanzig Jahre her, dass sie sich kennen gelernt hatten. Sie hatten sich in einem Baumarkt getroffen. Theo war auf der Suche nach den richtigen Schrauben für ein Regal gewesen. Er fühlte sich total hilflos –

wie ein Elefant ... im Porzellanladen.

Hilde nutzte die Chance, Theo anzusprechen. Sie half ihm, die Schrauben zu finden, und bot ihm noch eine Führung durch den großen Baumarkt an. Das Angebot nahm Theo nur zu gerne an. Und siehe da – es funkte zwischen den beiden, und schnell wollten sie nur noch

von Luft und ... Liebe leben.

Das ging natürlich nicht. Und so kam es, dass Theo nach kurzer Zeit das erste Mal für Hilde kochte: Schweinemedaillons in Champignon-Rahm-Soße. Von da an waren sie ein festes Paar und durch nichts und niemanden zu trennen.

Nun stand Theo im Badezimmer und wusch sich die Hände, da kam ihm der Gedanke, dass er lange nicht mehr seine Medaillons gemacht hatte. Ob das gerade wohl

der Wink ... mit dem Zaunpfahl

gewesen war? Tatsächlich fand er frisches Fleisch im Kühlschrank. Er schmunzelte und machte sich sofort daran, die Zwiebeln zu schälen ...

ERST DIE ARBEIT, DANN DAS VERGNÜGEN

Paul war als Kind in der Schule nicht gerade der Fleißigste gewesen. Aber er war clever und

nicht auf den ... Kopf gefallen.

Seine Hausaufgaben erledigte er meist in den Pausen auf dem Schulhof – kurz vor der Unterrichtsstunde, versteht sich. Oft durfte er die Schularbeiten bei seinen Klassenkameraden abschreiben. Im Gegenzug dafür verschenkte er großzügig die leckeren Pausenbrote, die seine Mutter ihm jeden Tag schmierte. Getreu nach dem Motto:

Eine Hand ... wäscht die andere.

Die Lehrer wussten um Pauls – nun ja, sagen wir: geringe Motivation. Und sie predigten ihm tagein, tagaus:

„Ohne Fleiß ... kein Preis."

Aber bis auf die Tatsache, dass Paul sich gerne vor der Arbeit drückte – jedenfalls in der Schule –, konnte niemand etwas gegen seine Leistungen sagen. Seine Zensuren waren in Ordnung, wenn man ihn etwas fragte, gab er stets die richtige Antwort, und er war immer pünktlich.

„Pünktlichkeit ist … die Höflichkeit der Könige",

das pflegte Paul immer zu sagen, wenn ihn jemand darauf ansprach, dass er ja immer so zeitig in der Schule war.

Wenn er mit seinen blonden Haaren kerzengerade vor seinen Eltern stand und mit Bestimmtheit diesen Satz sagte, konnten auch diese sich das Lächeln nicht verkneifen. Aber sie hatten weiß Gott keine Idee mehr, wie sie ihrem Jungen beibringen sollten, dass er gefälligst seine Schularbeiten zu Hause machen möge und dass man in Aufsätzen mehr als drei Sätze schreiben sollte. Pauls Mutter fügte dann immer hinzu:

„Erst die Arbeit … dann das Vergnügen!"

Doch Paul blieb stur. Auch als seine Lehrer ihm vor dem nächsten Zeugnis eine schlechte Zensur in „Betragen" ankündigten, falls er nicht bald anfangen würde, mehr Fleiß an den Tag zu legen, blieb er

stur wie ein … Esel.

Er ging lieber in den Wald, kletterte auf Bäume, lauschte dem Rascheln der Blätter und ließ sich die frische Luft um die Nase wehen. An einem geheimen Ort im Wald hatte er sich sogar selbst eine Hütte gebaut. Tagelang hatte er Holz und heruntergefallene Äste zusammengetragen und sorgfältig zu einer stabilen Hütte zusammengebaut. Von Faulheit war da nicht die geringste Spur.

Wo ein Wille ist, ... ist auch ein Weg.

Paul saß oft in seiner Hütte und las ein Buch. Das glaubten ihm allerdings nur die wenigsten. Besonders gern mochte er Bücher mit richtigen Abenteurern, die die Welt entdeckten. Abenteuer wollte er auch einmal erleben, was nützten ihm da seine Hausaufgaben?

Im Zeugnis bekam er dann wirklich eine sehr schlechte Zensur in „Betragen“. Auch das war Paul völlig egal. Nur als er die tiefe Verzweiflung seiner Mutter spürte, die entsetzt auf das Zeugnis schaute, hatte er für einen kurzen Moment einen Kloß im Hals. Doch dann ärgerte er sich vor allem über seine Lehrer, nicht etwa über sich selbst.

Nach den Ferien ärgerte er sich immer noch und hatte noch weniger Lust, in die Schule zu gehen, als sonst. Missmutig saß er auf seinem Platz und wartete auf den Beginn des Unterrichts.

Da kam Ella zur Tür herein. Ihr Anblick

traf ihn mitten ... ins Herz.

Fortan war es um ihn geschehen. Ella war eine neue Schülerin in seiner Klasse und brauchte jemanden, der ihr bei den Hausaufgaben half, bis sie sich eingelebt hatte. Paul meldete sich sofort. Sein Klassenlehrer wäre vor Verwunderung fast vom Stuhl gekippt, sah dann aber schnell die Möglichkeit,

zwei Fliegen ... mit einer Klappe zu schlagen.

Und es kam, wie es kommen musste: Ella und Paul machen fortan zusammen ihre Hausaufgaben. So konnte Ella schnell dem Unterrichtsgeschehen folgen, und Paul machte endlich seine Arbeit. Sie wurden dicke Freunde, und eines Tages zeigte Paul ihr sogar seine Hütte …

Wenn Paul heute im Klassenzimmer sitzt und sich seine Schüler anschaut, muss er sofort wieder an seine eigene Schulzeit zurückdenken. Und sofort legt sich ein Lächeln auf sein Gesicht …

ALLER GUTEN DINGE SIND DREI

Als ich noch ein Kind war, lebte ich mit meinen beiden Schwestern Claudia und Sabine, meinen Eltern und meinen Großeltern in einem Haus mitten in der Stadt. Ja, Sie haben richtig gehört: Wir waren zu dritt. Drei Mädchen! Mein Vater war unglaublich stolz auf uns. Jedes Mal, wenn er uns jemandem vorstellte, fügte er hinzu:

„Aller guten Dinge ... sind drei."

Und dann grinste er bis über beide Ohren. In diesen Augenblicken fragte ich mich stets, ob er die vielen Streitereien unter uns Schwestern wohl vergessen hatte. Manchmal konnten wir wirklich

wie Hund und ... Katze sein.

Schließlich mussten wir drei uns aber auch ein Zimmer teilen. Da war es wahrscheinlich ganz normal, dass es zu Meinungsverschiedenheiten kam. Und man muss gewiss auch bedenken, dass unser Vati – so nannten wir ihn – unter der Woche gar nichts von unseren Kabbeleien mitbekam. Er arbeitete ja schließlich bis zum frühen Abend.

„Wenn zwei sich streiten, ... freut sich der Dritte",

sagte mein Vater stets. Und oft war es tatsächlich so. Aber wir Schwestern waren auch häufig nett miteinander. Es gab zum Beispiel einen Tag in der Woche, an dem waren Claudia, Sabine und ich stets einer Meinung: am Samstag. Am Samstag hielten wir drei zusammen

wie Pech und ... Schwefel.

Der Samstag lief bei uns immer nach dem gleichen Ritual ab: Morgens ging es meist nach draußen, da musste unsere Mutti die Stube wischen. Zur Mittagszeit saßen wir alle zusammen um den großen Tisch herum und aßen unsere Suppe: Claudia, Sabine, Mutti und Vati, Oma, Opa und ich.

Das war eine große Runde, die wirklich nur am Wochenende zusammenkam. Mein Opa genoss die gemeinsame Zeit sehr, und ganz oft sagte er den Satz:

„Essen und Trinken ... hält Leib und Seele zusammen."

Am Nachmittag wurde dann endlich der Ofen im Bad angeheizt – der Samstag war bei uns Badetag. Schon am Freitag konnten Claudia, Sabine und ich es kaum erwarten, endlich in die Wanne steigen zu dürfen. Doch bis wir an der Reihe waren, mussten wir uns noch ein wenig in Geduld üben.

Zuerst musste, wie gesagt, der Ofen das Wasser auf die richtige Temperatur bringen. Und dann ging es mit Opa los, der als Erster in die Badewanne steigen durfte, dicht gefolgt von Oma.

Nach Oma waren aber wirklich wir an der Reihe. Das Gefühl, in Omas und Opas Badewasser zu planschen, war gewiss nicht immer das Schönste. Aber wir liebten das Baden einfach so sehr! Und wie heißt es doch so schön:

Einem geschenkten Gaul ... schaut man nicht ins Maul.

Claudia, Sabine und ich passten zu dritt in die Wanne und hatten so wahrlich unser Vergnügen! Der Samstag war für uns eine lange Zeit unserer Kindheit der schönste Tag der Woche.

Nun sollte man aber nicht meinen, dass wir den ganzen Nachmittag in der Badewanne verbrachten. Alles hatte seine Zeit. Und so war das Baden für uns immer viel zu schnell vorbei:

Das Essen musste nämlich pünktlich auf dem Tisch stehen. Samstagabends lief die Sportschau im Fernsehen, die Vati und Opa unbedingt anschauen wollten. Die beiden bestanden also darauf, dass alle pünktlich am Tisch saßen. Und wer nicht da war, hatte eben Pech:

„Wer nicht kommt zur rechten Zeit, ... der muss sehen, was übrig bleibt",

murmelte Opa immer, wenn wir uns beschwerten, dass schon alle Ei-Brote weg waren. Nach Schnittchen mit Wurst und Käse, Gürkchen, Ei, Remoulade und Tomaten ging es schnell für alle ab aufs Sofa, weil dann auch bald die Sportschau begann. Mutti und Oma räumten derweil den Esstisch ab und spülten das Geschirr.

Vati fand es immer ganz toll, dass seine drei Mädchen sich so für Sport interessierten. Wenn das mal wieder Thema war, sagte er stolz: „Ja, so ist das:

Der Apfel ... fällt nicht weit vom Stamm."

Ehrlich gesagt interessierten wir uns aber eigentlich gar nicht für die Sportschau. Es war nur eine gute Gelegenheit, sich Plätze auf dem Sofa zu ergattern.

Wir drei hatten nämlich Woche für Woche die Hoffnung, dann so wenig wie möglich aufzufallen und auch noch das Fernsehprogramm am Abend schauen zu können.

Die Hoffnung stirbt ... zuletzt!

Und meistens klappte es sogar ...

MAN SOLL DEN TAG NICHT VOR DEM ABEND LOBEN

Robert hatte gestern seinen freien Tag. Schon lange hatte er sich sehr darauf gefreut. Seitdem er im Schichtdienst tätig war, betrachtete er seine Freizeit mit völlig anderen Augen und versuchte, sie so sinnvoll wie möglich zu nutzen.

Da er vor Kurzem endlich in seine erste eigene Wohnung gezogen war, konnte er die Tage wirklich so verbringen, wie er wollte, und hatte schnell bemerkt:

Eigener Herd ... ist Goldes wert!

Erst einmal wollte er an diesem Tag ausschlafen. Das gelang ihm nur bedingt, da er vergessen hatte, seinen Wecker auszuschalten. Robert saß also um fünf Uhr am Morgen kerzengerade im Bett und überlegte kurz, ob er aufstehen oder sich wieder hinlegen und weiterschlafen sollte. Er entschied sich für Letzteres. Denn

in der Ruhe liegt ... die Kraft.

Eine Stunde später riss ihn ein lautes Geräusch erneut aus den Federn. Es war die Müllabfuhr. „Dienstag. Müllabfuhrtag ...“, dachte Robert im Halbschlaf und rollte mit den Augen. Er versuchte, weiterzudösen. Als das Müllauto nach einer Viertelstunde immer noch unter seinem Fenster polterte, wurde er langsam wütend und wollte nachschauen, was da draußen vor sich ging. Er schwang die Beine aus dem Bett, stand auf, machte einen Schritt und rutschte auf einem Briefumschlag aus. Robert hatte

Glück im ... Unglück,

denn er konnte sich am Bett abfangen. Das war noch einmal gut gegangen. „Da bin ich wohl

mit dem falschen Fuß ... aufgestanden",

dachte er und musste trotz des Schreckens grinsen. Er richtete sich auf und ging langsam zum Fenster. Die Müllabfuhr war inzwischen weg. Im Stillen dachte er sich, dass er aufhören müsste, seine Post im Bett zu lesen. Robert hob den Briefumschlag auf, schlüpfte in seine Hausschuhe und ging in die Küche. Er setzte Kaffee auf, strich sich eine Scheibe Brot, nahm auf seinem Stuhl am Küchentisch Platz und schaute nach draußen. Die Sonne ging gerade auf. Robert mochte diesen Anblick:

Morgenstund ... hat Gold im Mund.

Doch dies war nur ein kurzer Augenblick der Ruhe an

diesem Morgen. Besser gesagt, an diesem Tag. Schon eine Minute später kippte er seinen Kaffeebecher um. Der Kaffee ergoss sich über die Tageszeitung, die anschließend unlesbar war. Robert musste auf seinen geliebten Kaffee verzichten und aß missmutig sein Brot – es war viel zu trocken. Er nahm die Wurst herunter, steckte sie in den Mund und ging kauend ins Wohnzimmer.

In der Not schmeckt die Wurst ... auch ohne Brot.

Robert wollte schon seit Langem mal wieder ein Buch lesen. Und er entschied sich, den Rest dieses trostlosen Tages dafür zu nutzen. Schließlich hatte er frei. Und an freien Tagen sollte man angenehme Dinge tun. Schlimmer als der Morgen konnte es heute nicht mehr werden – so dachte er. Aber:

Man soll den Tag ... nicht vor dem Abend loben.

Nach ein paar Seiten wurde ihm kalt. Er legte die Wolldecke über seine Beine. Das half für eine kurze Zeit. Dann fror er erneut. Er wunderte sich, da es draußen nicht wirklich kälter geworden war. Und so stand er auf und begutachtete die Heizkörper. Sie waren kalt. Die in der Küche und im Badezimmer auch. Robert stützte die Arme auf die Fensterbank und starrte aus dem Fenster. So fühlte es sich an, wenn man kommt. Bei einer kaputten Heizung benötigte er einen Klempner. Glücklicherweise wohnte ein guter Bekannter in der Nachbarschaft, der diesen Beruf ausübte. Den rief Robert an. Er versprach ihm, so bald wie möglich vorbeizukommen, um sich die Heizung anzusehen. Bis dahin musste Robert aber noch eine ganze Weile frieren. Nachmittags um vier stand sein Bekannter mit zwei Flaschen Bier vor der Tür, untersuchte die Heizung und baute ein Ersatzteil ein. Die Heizung lief wieder.

Robert war erleichtert! Dieser Tag hatte es wirklich in sich. Bei all den Missgeschicken konnte man wirklich meinen, dass es stimmt:

Ein Unglück ... kommt selten allein.

Robert hoffte, dass es an diesem Tag mit dem Unglück genug war, und freute sich über ein wenig Ablenkung. Zusammen mit seinem Klempner-Nachbarn trank er das mitgebrachte Feierabend-Bier. So wurde es noch ein unterhaltsamer Abend ...

WAS LANGE WÄHRT, WIRD ENDLICH GUT

Meine Oma war die beste Köchin der Welt! Bei ihr schmeckte wirklich alles: ob Bratkartoffeln, Wirsing, Rührei, Markklößchen-Suppe, Vanillepudding mit Himbeersirup oder ihre Heiße Berta mit Senf und Brötchen – sie konnte allen Gerichten einen ganz besonderen Geschmack verleihen. Dabei kochte sie noch nicht einmal nach Rezept. Wenn man sie für ihre Kochkünste lobte, sagte sie bescheiden:

„Hunger ist der ... beste Koch."

Doch da sie drei Kinder großgezogen hatte und jeden Tag auch ihren körperlich schwer arbeitenden Mann verköstigen musste, hatte sie natürlich sehr viel Erfahrung.

Von nichts ... kommt nichts,

heißt es so schön. Ich war gerne bei meiner Oma. Meine Oma hatte immer Zeit zum Spielen, Malen und Basteln. Als ich ein wenig älter war, brachte sie mir Häkeln und Stricken bei.

Und wenn sie kochte, schauten mein Bruder und ich ihr immer über die Schulter. Ganz oft durften wir ihr auch helfen. Sie hielt nichts von dem Satz:

Viele Köche ... verderben den Brei.

Vielmehr sagte sie:

„Geschmäcker sind ... verschieden.

Und je mehr Köche an einem Gericht mitkochen, es gemeinsam probieren und würzen, umso besser schmeckt es allen." Heute weiß ich natürlich, dass Oma ganz genau wusste, wie sie ihre Enkel zum Probieren – und vor allem zum Essen – von Gemüse, Eintöpfen und anderen gesunden Speisen motivieren konnte. Früher war ich aber davon überzeugt, dass mein Bruder und ich ihr eine tatkräftige Unterstützung waren und dass nur durch unsere Hilfe das zauberhafte Mahl gelungen war.

Später versuchte ich ganz verbissen, einige ihrer Gerichte nachzukochen, was mir mal besser und mal schlechter gelang. Eher Letzteres, ehrlich gesagt.

„Übung macht ... den Meister.

Du musst es nur wieder und wieder versuchen", sagte meine Oma ermutigend und streichelte mir tröstend die Schulter. Das war

leichter gesagt als ... getan,

wenn mal wieder die Soße zu klumpig, das Fleisch zu zäh, die Kartoffeln zu matschig oder die Suppe zu wässrig war. Selbst der Pudding ist mir wieder und wieder angebrannt, bis ich endlich den Dreh raushatte.

Da ich unbedingt so gut kochen wollte wie meine Oma, besuchte ich später einen Kochkurs. Doch ich begriff schnell, dass ich dort nicht lernen würde zu kochen wie meine Oma, sondern wie ein Chefkoch eines Sternerestaurants. Das war mir viel zu viel neumodischer Kram. Es ist eben doch

nicht alles Gold, ... was glänzt!

Als ich meinen Mann kennen lernte, musste dieser schon nach kurzer Zeit meine Versuche in der Küche bewerten. Er war mir anfangs jedoch auch keine große Hilfe: Ihm „schmeckte“, was ich kochte. Das stimmte mich jedoch nicht zufrieden, weil mir klar war, dass er ja frisch verliebt war und deshalb sicher nicht mein Essen schlechtreden wollte.

Mal abgesehen davon, kannte er das Essen meiner Oma nicht, mit dem ich meine Gerichte stets verglich. Eines Tages gab ich auf. Mein Mann ermutigte mich, ich solle bloß

nicht den Kopf in den ... Sand stecken,

aber mir war es zu viel der vergebenen Mühe. Ich kochte einfach so, wie ich Lust hatte, beherzigte dabei im Hinterkopf die Ratschläge meiner Oma und versuchte, Neues mit Altem zu kombinieren. Als wir unsere Kinder bekamen, hatte ich so viel mit anderen Dingen zu tun, dass ich gar nicht mehr so genau darauf achtete, wie ich kochte.

Umso verwunderter war ich, als meine Mutter eines Sonntags auf einmal beim Essen sagte: „Das schmeckt wie früher bei deiner Oma, Liebes!"

Was lange währt, … wird endlich gut!

Mein Mann strahlte mich sofort an, und ich spürte, wie sich ein breites Lächeln auf mein Gesicht legte. Das war das schönste Kompliment, das sie mir machen konnte! Und vielleicht war ja doch etwas dran, einfach aus dem Bauch heraus zu kochen …

WAS DU HEUTE KANNST BESORGEN, DAS VERSCHIEBE NICHT AUF MORGEN

Hausputz. Gabi hatte sich das Wochenende freigehalten, um das Haus mal wieder auf Vordermann zu bringen. Sie machte alle paar Monate einen großen Hausputz – bei einem Fünf-Personen-Haushalt kam sie nicht daran vorbei.

Die Termine für ihren Hausputz vermerkte sie stets im Kalender. So war sie sicher, dass ihr nichts dazwischenkam, weswegen sie das Putzen verschieben musste.

Was du heute kannst besorgen, ... das verschiebe nicht auf morgen,

war ihre Devise. Und das hatte bislang immer gut funktioniert. Zugegeben, das Putzen gehörte nicht gerade zu Gabis Lieblingsbeschäftigungen. Sie hätte sich, weiß Gott, auch andere Beschäftigungen vorstellen können. Aber:

Was sein muss ... muss sein.

Nachdem sie die Kinder nach dem Frühstück nach draußen geschickt hatte, damit die drei den Vormittag mit den Nachbarskindern verbringen konnten, spülte sie das Geschirr ab und begann mit den Vorbereitungen. Sie stellte die Stühle auf den Tisch, rollte die Teppiche ein und brachte sie nach draußen zur Teppichstange. Dann holte sie Eimer, Putzlappen, Reiniger, Staubwedel, den Teppichklopfer und das Fensterleder aus dem Keller.

Gabi lehnte sich an den Türrahmen der Wohnzimmertür und atmete einmal tief durch. In diesen Momenten fühlte sie sich immer, als müsste sie

Berge ... versetzen.

Wie gerne hätte sie einfach mit den Kindern eine Fahrt ins Blaue unternommen und das Putzen um einen Tag verschoben. Aber als ihr der Satz einfiel:

„Morgen, morgen, nur nicht heute, ... sagen alle faulen Leute",

da unterbrach sie ihr Zögern und machte sich an die Arbeit. Gabi war gerade dabei, die Blumen von den Fensterbänken zu räumen, als sie ein ungewöhnliches Geräusch vernahm. Als sie nachsehen wollte, woher das Geräusch kam, fiel es ihr wieder ein: Hans war noch im Haus.

„Du wolltest doch eigentlich in der Garage sein?“, fragte sie ihn. Dabei versuchte sie, so wenig vorwurfsvoll wie möglich zu klingen. „Ich war auch schon auf dem Weg dorthin. Und dann ist mir eingefallen, dass mein Werkzeug noch im Keller lag. Also machte ich wieder kehrt. Du weißt doch:

Was man nicht im Kopf hat, ... hat man in den Beinen."

Hans grinste und gab ihr einen Kuss auf die Stirn: „Ich bin schon weg!“, fügte er hinzu und ging guter Laune hinaus. Gabi schaute kurz nach draußen zu den Kindern, räumte die restlichen Blumen zur Seite und fing an, den Staubwedel zu schwingen.

Nach etwa einer halben Stunde kam Hans schon wieder ins Haus und zog damit skeptische Blicke auf sich. Ungeachtet dessen sagte er: „Es ist so schönes Wetter, Liebes. Lass doch die Arbeit Arbeit sein und komm mit uns nach draußen. Die Kinder wollen einen Spaziergang durch den Wald unternehmen. Ich finde, du solltest mitkommen!“

Gabi seufzte: „Ja, ich würde auch viel lieber mit euch rausgehen und die Sonne genießen. Aber du weißt doch:

Erst die Arbeit, ... dann das Vergnügen.

Wenn ich jetzt nicht weitermache, werde ich nie fertig.“ Gabi zögerte und überlegte einen kurzen Augenblick. „Andererseits:

Aufgeschoben ist nicht ... aufgehoben.

Wir haben wirklich lange nicht mehr alle zusammen etwas unternommen. Ich glaube, ihr habt Recht! Ich zieh mich nur kurz um, packe etwas zu trinken und ein paar Brote ein und komme dann. Das Putzen können wir dann morgen gemeinsam erledigen. Wie heißt es doch:

Geteiltes Leid ... ist halbes Leid."

Erleichtert und voller Vorfreude schwebte sie förmlich an ihm vorbei, hauchte ihm einen Kuss auf die Wange und ging ins Bad, um sich frischzumachen.

Hans hob seine rechte Augenbraue. Die Aussicht auf das gemeinsame Putzen hatte er bei seinem Vorschlag natürlich nicht bedacht. Aber die Freude, die er Gabi gemacht hatte, war es ihm wert, am Tag darauf den Besen zu schwingen.

Wer A sagt, ... muss auch B sagen.

Und das tat er auch ...

MIT GEDULD UND SPUCKE FÄNGT MAN EINE MUCKE

Otto ist von Kindesbeinen an ein Freund von Jahrmärkten. Er mag das bunte Treiben, die fröhliche Musik, die lustigen Schausteller und die vielen bunten Lichter. Man könnte sagen, er ist

Feuer und … Flamme.

Den alljährlichen Jahrmarkt im Dorf hat er sich noch nie entgehen lassen. Otto geht sogar jeden Tag dorthin, und zwar

bei Wind und … Wetter.

Am liebsten gewinnt er beim Dosenwerfen. Ja, Sie haben richtig gehört – er gewinnt. Seit seinem vierten Lebensjahr trainiert Otto, wie er am besten und schnellsten die Dosen vom Stapel räumt. Heute ist er der beste Dosenwerfer des Dorfes. Doch das fiel ihm wahrlich nicht von Anfang an leicht. Als Otto gerade vier Jahre alt geworden war, nahmen ihn seine Großeltern das erste Mal mit auf den Jahrmarkt. Sofort begeisterte er sich fürs Dosenwerfen. Der erste Ball ging natürlich daneben. Otto war enttäuscht, doch seine Oma sagte:

„Es ist noch kein Meister … vom Himmel gefallen."

Sie gab ihm den zweiten und dritten Ball und zahlte ihm sogar noch einmal drei Würfe. Leider gingen alle daneben. Sein Opa murmelte etwas wie:

„Da ist Hopfen und Malz … verloren"

und bekam dafür gleich einen Rippenstoß von Ottos Oma. „Hans, der Junge ist vier“, zischte sie, „reiß dich gefälligst am Riemen!“ Doch der kleine Otto hatte davon gar nichts mitbekommen und starrte gebannt auf die Dosen, die wie eine Pyramide vor ihm aufgestapelt waren. „Noch einmal, Omi …“, bettelte er und schaute sie mit seinen großen haselnussbraunen Augen an. Bei diesem Blick konnte sie nie nein sagen. Also bezahlte sie ihm noch einmal drei Würfe. Und siehe da – der dritte Ball war ein echter Volltreffer. Die Dosen lagen am Boden.

„Mit Geduld und Spucke … fängt man eine Mucke!",

sagte die Oma stolz und grinste ihren Mann zufrieden an. Der freute sich natürlich auch, dass Otto endlich getroffen hatte, und strich seinem Enkel übers Haar. „Das muss gefeiert werden!“, sagte er. „Ich kauf dir was. Möchtest du eine Portion gebrannte Mandeln oder lieber Zuckerwatte haben?“ Otto konnte sein Glück kaum fassen: Opa war doch sonst nicht so spendabel. Er stand vor dem Wagen, der Mandeln,

Waffeln, Zuckerwatte und bunte, klebrige Bonbons verkaufte, und konnte sich nicht entscheiden. Sein Blick wechselte immer wieder zwischen der Zuckerwatte und den Mandeln hin und her. Oma grinste und sagte:

„Wer die Wahl hat, ... hat die Qual."

Schließlich entschied Otto sich für die süße Zuckerwatte. Opa bezahlte, und sie gingen eine große Runde über den Jahrmarkt. Überall hingen Luftballons und bunte Schilder an den Wagen und Ständen. Von irgendwoher kam Musik – mal Gedudel aus dem Leierkasten, mal ein Volkslied, das auf einem Akkordeon gespielt wurde. Otto wusste gar nicht, wohin er zuerst schauen sollte, und der Mund blieb ihm vor Staunen offenstehen.

Als sie direkt vor dem Riesenrad standen, legte Otto den Kopf in den Nacken, um bis nach oben zu schauen. Da wäre ihm fast

das Herz in die Hose ... gerutscht.

So hoch fuhren die Gondeln! Für den kleinen Kerl war das kaum zu glauben. Als sein Opa ihm anbot, eine Runde mit ihm zu fahren, lehnte er mit schlotternden Knien ab. Bis heute würde er lieber im Boden … versinken,

als in ein Riesenrad zu klettern und hoch in den Himmel zu fahren. Nein, Otto blieb beim Dosenwerfen. Fortan gingen seine Großeltern jedes Jahr mit ihm auf den Jahrmarkt, und mit jedem Besuch am Dosenstand wurde Otto besser. Zuckerwatte und gebrannte Mandeln gehörten gewiss auch zum Jahrmarktvergnügen.

Heute ist er erwachsen und, wie gesagt, der beste Dosenwerfer im ganzen Dorf –

aus Kindern werden … Leute.

Das Einzige, was sich im Lauf der Jahre verändert hat, ist, dass Otto mittlerweile derjenige ist, der an einem der Jahrmarktstage seine Großeltern mitnimmt und ihnen Zuckerwatte oder gebrannte Mandeln spendiert …

WIE BESTELLT UND NICHT ABGEHOLT

Heute Abend wird Bernds Geburtstag gefeiert. Sein siebenundfünfzigster. Das ist zwar kein runder Geburtstag, aber Bernd sagt immer, in seinem Alter müsse man

die Feste feiern, ... wie sie fallen.

Und außerdem sei 57 auch eine schöne Zahl.

Wo er Recht hat, ... hat er Recht!

Recht sind die Feierlichkeiten auch Gerda. Sie hat ihre Familie und Freunde gerne um sich. Und wenn alle an Bernds Geburtstag wieder einmal zusammenkommen, freut sie das sehr. Lediglich das Essenmachen hat sie in diesem Jahr in fremde Hände gegeben. Es wären einfach zu viele Leute gewesen, für die sie hätte kochen müssen.

So haben sie nun Essen für alle bestellt und sind mit ihrer Entscheidung zufrieden. Besonders Gerda, die nun nicht stundenlang in der Küche stehen muss.

Bernd hat kurz geschluckt, als er die Endsumme auf der Rechnung sah. Aber dann hat er, ohne zu zögern, unterschrieben. Gedacht hat er sich allerdings:

„Das sind ja gepfefferte ... Preise!"

Aber er wollte ja, dass es seinen Gästen gut ging und es ihnen an nichts fehlte. Und deshalb machte er sich darüber auch keine weiteren Gedanken.

Als Bernd nun losfährt, um das Essen abzuholen, ist Gerda gerade dabei, den Tisch zu decken. Sie deckt Teller, Gläser, Besteck und faltet Servietten, die sie akkurat auf den Tellern platziert. Dekoriert wird der Tisch mit Kerzen und kleinen Blumensträußen in weißen Porzellanvasen.

Klein, aber ... fein!

Gerda geht einen Schritt zurück und schaut sich ihr Kunstwerk an. Sie ist zufrieden. Kurze Zeit später kommt Bernd auch schon nach Hause. „Der sieht aber ganz und gar nicht zufrieden aus, eher

wie ein begossener... Pudel",

denkt Gerda. „Was ist los?", fragt sie ihn. Bernd zuckt mit den Schultern und antwortet: „So genau weiß ich das auch nicht. Essen bekommen wir heute Abend auf jeden Fall nicht. Ich stand vor verschlossenen Türen,

wie bestellt ... und nicht abgeholt."

Gerda überlegt kurz, ob sie die Fassung verlieren soll, kommt dann aber zu dem Entschluss, dass das zu nichts führt. Sie muss irgendwo Essen für die Gäste herbekommen. Zum Glück kommt gerade ihre Tochter Anna ins Haus, die nichts ahnend ihren Vater umarmt und beglückwünscht. Gerda erklärt ihr kurz das Problem und zieht Anna mit vor den Kühlschrank. „So, mein Herz", sagt sie,

„Not macht ... erfinderisch!

Was können wir mit dem Inhalt unseres Kühlschranks zaubern?" Beide schauen sich an, was im Kühlschrank ist, und sagen dann fast gleichzeitig: „Strammer Max!" Schon geht es ruck, zuck! Bernd schneidet das Brot, Gerda bestreicht die Scheiben mit Butter und belegt sie mit Schinken. Anna – die Tochter – brät die Spiegeleier, und ihre Schwester Paula fragt die Nachbarn, ob sie noch mehr Eier und Schinken für sie haben.

Fünf Minuten, bevor die ersten Gäste kommen, stehen vier große Platten mit Strammem Max auf den Tischen und ein riesiges Gurkenfass daneben. Außerdem noch eine Käseplatte und eine Schale mit kleinen Tomaten. Gerdas Wangen glühen. Aber sie lächelt und sagt, während sie ihre Schürze ablegt:

„Erstens kommt es anders ... und zweitens als man denkt."

Das Haus füllt sich, und alle werden satt. Gerda und Bernd ernten nur Lob für ihre außergewöhnliche, aber gute Idee. Es schmeckt allen einfach wunderbar.

Nachdem sie mit dem Essen fertig sind und Gerda auch den Tisch schon fast abgeräumt hat, klingelt es an der Tür. Gerda öffnet. Vor ihr steht eine Dame in Begleitung zweier junger Herren: „Wir wollten Ihnen das bestellte Essen liefern, sind dann aber leider in einen Stau geraten. Es tut uns sehr leid, dass wir zu spät kommen, Sie haben sicherlich Hunger?“

Gerda traut ihren Augen und Ohren nicht. Aber sie lächelt erneut, tritt einen Schritt beiseite und bittet die drei mit den Servierplatten herein:

„Je später der Abend, ... desto schöner die Gäste!"

Und zu ihren Gästen sagt sie mit einem Augenzwinkern: „Ich hoffe, ihr habt noch ein wenig Hunger! Der Nachtisch ist gerade eingetroffen ...“

DRUM PRÜFE, WER SICH EWIG BINDET, OB SICH DAS HERZ ZUM HERZEN FINDET

„Meine Tochter hat in letzter Zeit auch kein Glück mit den Männern gehabt!“, sagte Ilse zu ihren Freundinnen Greta und Marlis. Sie waren gerade bei ihrem wöchentlichen Kaffeeklatsch und sprachen über Freud und Leid ihrer Kinder. Greta hatte zuvor erzählt, dass ihre Tochter wieder zu Hause eingezogen war. Auch eines Mannes wegen. Marlis fügte nur hinzu: „Ja, ja,

kleine Kinder, kleine Sorgen – ... große Kinder, große Sorgen."

Marlis hatte gar keine Kinder, aber das Sprichwort hörte man oft aus ihrem Mund. Ilse und Greta nickten und rührten still in ihren Kaffeetassen. Greta, die gerade wieder das Kinderzimmer für ihre fünfunddreißigjährige Tochter einrichtete, biss in ihren Keks, nahm einen Schluck Kaffee und sagte: „Und ich hatte es ihr vor der Hochzeit noch gesagt:

Drum prüfe, wer sich ewig bindet, ... ob sich das Herz zum Herzen findet.

Doch daraufhin hat sie mich nur angelächelt und geantwortet: Ich weiß, Mami. Ich bin mir sicher, dass er der Richtige ist! – Wie das ausgegangen ist, wisst ihr ja. Keine sieben Jahre hat diese Ehe gehalten!“

Sie zog die rechte Augenbraue hoch und biss erneut in ihren Keks.

Marlis sagte: „Ja ja,

das verflixte ... siebte Jahr!

Das ist eine schwierige Zeit in der Ehe.“ Da Marlis auch nicht verheiratet war, warfen sich die anderen beiden vielsagende Blicke zu. Schnell fügte Marlis hinzu: „Das habe ich gehört. Im verflixten siebten Jahr trennen sich viele Paare.“

Greta nickte leicht, schaute aber bekümmert in ihre nun fast leere Kaffeetasse. „Das stimmt, ich bin mir aber sicher, dass da mehr im Argen war als die Zeit. Ich habe von Anfang an gespürt, dass die beiden nicht zueinander passen. Meine Tochter sagte dann immer: ‚Wir sind nur sehr verschieden. Du weißt doch Mama,

Gegensätze ... ziehen ich an!

Du und Vati, ihr habt doch auch unterschiedliche Interessen, oder nicht?‘ Ich war es dann irgendwann leid, mir den Mund fusselig zu reden. Schließlich ist sie zwar mein Kind, sie ist aber auch eine erwachsene Frau. Und

wer nicht hören will, ... muss fühlen.

Trotzdem habe ich jetzt ein schlechtes Gewissen, dass ich sie nicht mehr gewarnt habe."

Nun schaltete sich Ilse wieder ein, die ihren Kaffee mittlerweile ausgetrunken hatte: „Ach, Liebes, was hättest du mehr machen können, als ihr deine Bedenken mitzuteilen? Wir wissen doch alle:

Liebe macht ... blind!

Und wahrscheinlich hätte sie doch nicht auf dich gehört. Wer fragt denn schon seine Mutter, in wen er sich verlieben darf? Meine Jule hätte kein Stück auf mich gehört. Wahrscheinlich hätte sie dann den Mann geheiratet, den ich am wenigsten gemocht hätte. Mehr als trösten können wir die beiden jetzt nicht, Greta:

Geteiltes Leid ... ist halbes Leid.

Sie werden sich schon wieder einkriegen. Und ich sage immer:

Andere Mütter haben auch ... schöne Söhne.

Irgendwann wird schon der Richtige kommen!"

Greta überlegte kurz und nickte dann. Sie stellte ihre Kaffeetasse wieder auf die Untertasse und legte den

Löffel daneben: „Die beiden sollten nur nicht den nächsten Mann, der in ihr Leben tritt, sofort wieder heiraten“, fügte sie schmunzelnd hinzu. „Aber das werden sie sich ja bestimmt gut überlegen:

Ein gebranntes Kind ... scheut das Feuer!"

Marlis und Ilse stimmten ihr zu. So schnell würde wohl keine der beiden Töchter mehr heiraten. Die drei bestellten sich noch jede eine weitere Tasse Kaffee und plauderten über die anderen Neuigkeiten der Woche. Ilses Nachbarn zum Beispiel. Die beiden waren doch tatsächlich schon das dritte Mal in diesem Jahr im Urlaub. Marlis und Greta hörten Ilse gespannt bei ihren Erzählungen zu. Und für einen Moment waren die Sorgen um die beiden Töchter vergessen ...

ESSEN UND TRINKEN HÄLT LEIB UND SEELE ZUSAMMEN

Carola erinnert sich immer noch gerne an die Grillabende früher mit den Nachbarn. Für sie und ihren Bruder Hans waren das wahre Grillfeste. Schon morgens stand sie mit ihrer Mutter in der Küche und bereitete die Salate und die Beilagen zu.

„Erst die Arbeit, ... dann das Vergnügen",

sagte ihre Mutter immer, wenn sie zusammen Eier und Kartoffeln kochten und Gurken klein schnitten. Aber Carola machte das gar nichts aus. Sie freute sich so sehr auf den Kartoffelsalat ihrer Mutter, die leckeren Bratwürste und das Spielen mit den anderen Kindern – da hätte aber auch rein gar nichts ihre Freude trüben können. Und zu zweit ging alles ruck zuck! Nicht umsonst heißt es:

Viele Hände ... schnelles Ende.

Ganz nebenbei lernte Carola,auch selbst zu kochen Carola war schon früh eine gute Köchin gewesen. Und sie hatte auf diesem Weg sogar ihren späteren Ehemann kennen gelernt. Sie war davon überzeugt:

Die Liebe geht ... durch den Magen.

Aber zurück zu den Grillfesten. Während sie mit ihrer Mutter in der Küche stand, stellten Vater und Hans den großen Tisch im Garten auf und klappten die Stühle nacheinander auf. Es war nicht für jeden ein Stuhl da, die Kinder saßen deshalb meist auf dem Rasen oder auf einer kleinen Bank, die Carolas Großvater einst für seine Enkelkinder gezimmert hatte. Den Kindern machte das gar nichts aus, im Gegenteil – sie erkannten schnell die Vorteile dieser Situation. Schließlich waren sie

nicht auf den ... Kopf gefallen.

Auf der Wiese konnten sie tun und lassen, was sie wollten. Sie mussten sich nicht an lästige Tischmanieren halten oder langweiligen Tischgesprächen lauschen. Und sie durften sehr lange aufbleiben. Carolas Großmutter sagte immer, sie blieben auf

„bis in die ... Puppen".

Sobald Kartoffel- und Nudelsalate fertig waren und das Bier kalt gelegt war, fingen Carola und ihre Mutter an, den Tisch zu decken. Die Gläser wurden nochmals auf Fingerabdrücke untersucht, obwohl sie das bei Weitem nicht so akribisch machten wie zu Geburtstagsfesten. Und das war es auch, was Carola so an den Grillabenden mochte – ihre Eltern freuten sich auf einen schönen Abend unter Freunden, hatten gute Laune und waren an einem solchen Tag gar nicht so streng wie sonst. Ihr Vater genoss sein Bier am Nachmittag und freute sich, am Abend prächtige Grillstücke zu verteilen.

„Essen und Trinken ... hält Leib und Seele zusammen",

das war stets sein Trinkspruch zu späterer Stunde, als alle am Tisch schon ihren Absacker bekommen hatten. Die Kinder interessierte das alles wenig. Sie spielten Fangen in der Dämmerung oder spazierten mit Stöcken durch den Garten und stocherten im Gras herum – das durfte Vater natürlich nicht sehen. Sie waren dabei alle sehr leise, damit ihre Eltern ja nicht auf die Idee kamen, sie ins Bett zu schicken:

Schlafende Hunde soll man bekanntlich ... nicht wecken.

Für Carola waren das die perfekten Abende, an die sie noch heute immer denkt, wenn sie Kartoffelsalat macht und wenn sie mit der ganzen Familie draußen auf der Terrasse grillen.

Auch Freunde lädt Carola immer dazu ein – teilweise sind das die Nachbarskinder von früher. Alle natürlich erwachsen und mit den eigenen Kindern. In den letzten Jahren und Jahrzehnten sind sie alle gemeinsam durch dick und ... dünn gegangen.

Und genau das macht es für Carola auch so besonders. Wenn heute alle zusammen bei ihr auf der Terrasse sitzen, hat sie noch genau das Bild vor Augen, wie sie früher gemütlich in einer Runde im Gras saßen – so fröhlich und unbeschwert, wie sie es nur sein konnten, mit den Tellern auf den Beinen und den bunten Gläsern neben sich im Gras. Dann denkt sie still und heimlich und mit einem Lächeln auf den Lippen:

Aus Kindern werden ... Leute.

Und sie wünscht sich sehr, dass sie mit diesen Leuten noch viele, viele gemeinsame Grillabende erleben wird ...

WER NICHT HÖREN WILL, MUSS FÜHLEN

Bernd, Jörg und Stefan spielten am liebsten zusammen draußen am alten Bahndamm. Dort hatten sie Ruhe vor den Erwachsenen, fanden alle Materialien und Werkzeuge, die sie zum Spielen brauchten, und wurden auch nicht von ihren kleinen Schwestern gestört. Kurzum, dort waren sie

ihres eigenen Glückes ... Schmied.

Was sie dort machten? Nun, sie unternahmen meist lange Wanderungen durch das hohe Gras. Mit den Stöcken, die sie unterwegs fanden, stocherten sie gedankenverloren im Boden herum oder nutzten sie als Wanderstöcke. Die Stöcke waren ihnen gute Begleiter.

Stefan war der Jüngste der drei Jungen. Demnach hatten Bernd und Jörg mehr Erfahrung beim Stöckesammeln und fanden meist die größeren. Es kam aber auch schon mal vor, dass sich die beiden um einen gefundenen Stock stritten und den längeren, der neben ihnen lag, gar nicht sahen. Den nahm sich dann Stefan:

Wenn zwei sich streiten, ... freut sich der Dritte.

Eigentlich stritten sie aber sehr selten. Und wenn, dann ging es um Kleinigkeiten. Fast jeden Tag schworen sie sich ewige Freundschaft, so wie in dem Spruch:

Marmor, Stein ... und Eisen bricht, aber unsere Freundschaft nicht.

Wenn sie dann zu dritt über die stillgelegten Gleise balancierten, tauschten sie sich zuallererst über die Ereignisse aus, die sich in der Schule zugetragen hatten. Die drei gingen in verschiedene Klassen, deshalb gab es immer etwas Neues zu berichten. Das Meiste wurde natürlich nicht den Geschwistern oder gar den Eltern weitererzählt. Für alle drei galt:

Reden ist Silber, ... Schweigen ist Gold.

Danach schmiedeten sie Pläne für die vor ihnen liegenden Nachmittagsstunden. Mal stellten sie sich vor, sie seien Indianer in der Prärie. Dann bauten sie sich ein Zelt im Gebüsch. Oder sie spielten Räuber und Gendarm. Oft saßen sie aber auch nur im Gebüsch und schnitzten Holzfiguren. Besonders nach anstrengenden Schultagen, womöglich noch mit einer Klassenarbeit, spürten die drei:

In der Ruhe ... liegt die Kraft.

Für das Schnitzen hatten Bernd, Jörg und Stefan Messer von ihren Großvätern bekommen. Diese waren nicht besonders scharf, erfüllten aber ihren Zweck. Mit den Messern konnten sie Äste von ihrer Rinde befreien, Figuren schnitzen oder auch Pistolen oder Gewehre für das Räuber-und-Gendarm-Spiel herstellen.

Eines Tages brachte Bernd, der Älteste der drei Jungen, ein richtiges Taschenmesser mit. Die drei saßen gerade in ihrer selbst gebauten Höhle, als Bernd das Messer ganz geheimnisvoll aus seiner Tasche zog. Stefan bekam ganz große Augen. In Gedanken hörte er sofort die Stimme seiner Mutter, die sagte:

„Messer, Gabel, Schere, Licht ... sind für kleine Kinder nicht."

Noch bevor er den Gedanken zu Ende spinnen konnte, passierte es. Stolz hatte Bernd den beiden Jungen sein Messer präsentiert. Dann hatte er angesetzt, um mit der scharfen Klinge aus einem Ast einen Pfeil mit spitzem Ende zu schnitzen. Schon der zweite Schnitt ging in den Finger. Bernd schrie auf und hatte Tränen in den Augen. Blut tropfte auf seine Hose.

Schnell verbanden die anderen beiden seinen Finger mit einem frischen Taschentuch und begleiteten ihn nach Hause. Widerworte ließen sie nicht gelten. „So eine Verletzung soll man

nicht auf die leichte ... Schulter nehmen!",

sagte Stefan und fühlte sich mit einem Mal sehr erwachsen. Gleichzeitig dachte er, dass seine Mutter wohl ziemlich stolz auf ihn wäre.

Sie waren schnell bei Bernd zu Hause, schließlich wohnten alle drei in derselben Straße in der Nähe des Bahndamms. Zuerst versorgte die Mutter Bernds Finger. Gleich danach musste er sich gewiss eine Standpauke anhören. Und natürlich fiel auch der bekannte Satz:

„Wer nicht hören will, ... muss fühlen!"

Alles in allem ging es aber recht glimpflich für ihn ab. Er durfte sogar wieder mit Jörg und Stefan zum Bahndamm. Nur das Taschenmesser musste er zu Hause lassen. „Na, da hattest du aber

Glück im ... Unglück",

flüsterte Jörg, als sie die Wohnung verließen. Bernd nickte und lächelte erleichtert. Aber den Schrecken konnte man ihm noch den ganzen Tag lang an der Nasenspitze ansehen. Von da an schnitzten die drei nur noch mit den Schnitzmessern ihrer Großväter ...

WER RASTET, DER ROSTET

Familie Mayer verbrachte ihren letzten Sommerurlaub wie so häufig in den Bergen. Die Anreise mit dem Auto dauerte sehr lange, aber dann hatten sie es endlich geschafft. Die beiden Töchter waren zum Ende der Fahrt recht ungeduldig gewesen. Sie hatten aber auch wirklich viel Stau gehabt und saßen währenddessen buchstäblich im Auto fest. Da war das Motto:

Abwarten und ... Tee trinken!

Am Urlaubsort angekommen, war der ganze Kummer schnell vergessen. Sie wurden mit einer herrlichen Aussicht auf Berge und Täler verwöhnt. Der Blick auf den See unterhalb ihres Ferienquartiers war ihnen wohl vertraut. Als sie auf den Parkplatz einbogen, wurden sie schon freudig strahlend von Trudi, der Besitzerin, erwartet. Die Mayers waren schon oft dort im Urlaub gewesen, auch als sie noch keine Kinder hatten.

„Da seid ihr ja endlich. Wie war die Fahrt?“ Trudi begrüßte Frau Mayer mit einer herzlichen Umarmung. „Recht lang“, antwortete Frau Mayer. „Aber dafür musste ich mich dieses Mal nicht beschweren, dass Franz zu schnell fährt!“, fügte sie mit einem Augenzwinkern hinzu und strich ihrem Mann liebevoll über den Arm. „Ich sag’s ja immer:

Wer langsam fährt, ... kommt auch ans Ziel."

„Kommt rein und macht euch frisch. Ich habe kühle Limonade für euch!“, rief Trudi. Das ließen sich die beiden Töchter nicht zweimal sagen. Mit ihren Taschen unter dem Arm gingen sie ins Haus und brachten das Gepäck in ihre Ferienwohnung. Sie war wie immer

klein, ... aber fein!

Herr und Frau Mayer mochten die Wohnung sehr. Deshalb bezogen sie auch in jedem Wanderurlaub dieselbe. Den Töchtern war sie definitiv zu klein. Im selben Schlafzimmer mit Mutter und Vater – dafür waren sie wirklich zu alt! Die Eltern aber blieben stur. Schließlich hielt man sich ja nur zum Schlafen in der Wohnung auf. Der Rest des Tages wurde draußen an der frischen Luft verbracht. Außerdem kosteten größere Wohnungen auch einfach mehr Geld. Dafür müssten sie im Alltag

den Gürtel ... enger schnallen.

Aber Frau Mayer wollte ihren Töchtern im Alltag kleine Freuden nicht verwehren. Also blieb es bei der kleinen Ferienwohnung.

Umgezogen und frischgemacht saßen die vier schließlich mit Trudi auf der Terrasse und schlürften frische, selbst gemachte Limonade. Dazu gab es eine Platte mit Käse von der Alm, hausgemachter Wurst und einen Korb frisches Brot. Bei dem Anblick strahlte Herr Mayer wie

Hans im ... Glück.

„Darauf habe ich mich das ganze Jahr schon gefreut“, schwärmte er und konnte es kaum abwarten, die Wurst zu probieren. Als sie alle dasaßen und die weite Aussicht und das vorzügliche Essen genossen, fragte Frau Mayer: „Na Trudi, wie ist es dir im letzten Jahr ergangen?“

„Ach“, sagte Trudi und grinste, „weißt du,

Unkraut ... vergeht nicht!

Mir geht’s gut! Was gibt es bei euch Neues? Gefällt es den Kindern in der neuen Schule?“ „Ja, im Großen und Ganzen schon“, antwortete Frau Mayer und schaute ihre Töchter an, „die Hausaufgaben werden ihnen manchmal lästig. Aber ansonsten gehen sie gern in die Schule.“ Die beiden nickten im Takt als wüsste sie, was ihre Mutter von ihnen erwartete. Trudi zwinkerte den beiden verständnisvoll zu. Als die vier sich aufmachten, um die Koffer auszupacken, steckte sie den Mädchen heimlich ein Stück Schokolade zu. Sie wusste, wie gern die zwei Schokolade mochten. Und:

Kleine Geschenke ... erhalten die Freundschaft.

Am nächsten Tag machten sich die Mayers auf zu ihrer ersten Bergwanderung. Frau Mayer freute sich, ihre Familie endlich wieder in Bewegung und an die frische Luft zu bekommen. Sie war der Meinung:

Wer rastet, ... der rostet.

Frau Mayer wollte ihrer Familie etwas Gutes tun. Anders als in den Urlauben zuvor, fanden die beiden Töchter aber gar keinen Gefallen an den Bergtouren. Sie langweilten sich, nörgelten, bleiben an jeder Weggabelung stehen, um sich auszuruhen, und fragten ständig, wie weit sie denn noch laufen müssten. Frau Mayer wurde langsam böse. Ihr

platzte fast der ... Kragen.

Das gab es doch nicht! Die Töchter waren doch bisher immer gern mitgewandert. Und

von jetzt auf ... gleich

verschmähten sie die Bergtouren mit den Eltern? Herr

Mayer nahm seine Frau tröstend in den Arm und sagte, dass nun wohl die Zeit käme, in der die Kinder anfingen, selbst Entscheidungen für sich zu treffen. Mit Wehmut stimmte sie ihrem Mann zu. Am darauffolgenden Tag blieben die Töchter bei Trudi, schmökerten in ihren Büchern und ließen sich mit Limonade verwöhnen. So waren sie voll und ganz zufrieden.

Und Frau Mayer spürte, dass die Wanderungen in stiller Zweisamkeit auch ihren Reiz hatten, den sie über die Jahre fast vergessen hatte …

KINDERMUND TUT WAHRHEIT KUND

Als Jonas vier Jahre alt war, nahmen seine Großeltern ihn das erste Mal mit in eine Eisdiele. Jonas weiß bis heute, wie aufregend dieser Tag für ihn war. Er erinnert sich noch ganz genau, wie gut es in der Eisdiele duftete und wie himmlisch das Eis schmeckte! Es war eine Kugel Vanilleeis, deren Geschmack ihn sein Leben lang nicht mehr losließ.

Jonas spürte schon als kleines Kind, dass Eis etwas ganz Besonderes war. Seine Eltern waren nie mit ihm in eine Eisdiele gegangen – obwohl die Familie ausreichend Geld hatte. Sein Vater sagte aber immer:

Spare in der Zeit, ... so hast du in der Not.

Und am Eis wollte er wohl sparen. Jonas machte das gar nichts aus. Mit Oma und Opa schmeckte das Eis sowieso am besten! Einmal im Monat gingen sie zusammen in die Stadt. Oma musste ihre Besorgungen erledigen, Opa chauffierte sie, und Jonas durfte überallhin mitkommen – und bekam am Ende eine Kugel Eis. So lernte er:

Geduld ist eine ... Tugend.

Denn Geduld brauchte er. Wenn Oma sich zum Beispiel nicht für Wolle für ihren neuen Pullover entscheiden konnte. Oder wenn es die schönsten Schuhe nicht in der richtigen Größe gab. Auch wenn Oma frische Blumen für den Esszimmertisch aussuchte, musste dies mit Bedacht geschehen. Sie untersuchte auch stets die Anschnitte auf ihre Frische.

Es ist ja nicht alles Gold, ... was glänzt.

Das sagte Oma jedenfalls. Jonas war das egal. Er spazierte mit Oma und Opa über den Marktplatz, betrachtete die Leute, die neben ihm hergingen und schaute in die Schaufenster der Geschäfte hinein. Es gab jedes Mal etwas Neues zu entdecken. Das ganze Erlebnis war sehr spannend für den kleinen Jungen an der Hand seines Großvaters. Da kamen auch schon mal Fragen auf, wie: „Warum hat die Frau dort so eine große Nase?“, oder: „Wird dem Mann ohne Haare nicht kalt auf dem Kopf?“, oder: „Die Frau hat einen ganzen Ring Fleischwurst eingekauft.“ Die Oma ermahnte ihn, doch nicht so laut über die anderen Leute zu reden. Jonas’ Großvater amüsierte sich köstlich und sagte zu seiner Frau: „Ach, Irmchen, lass den Jungen doch,

Kindermund tut ... Wahrheit kund!"

Und er zwinkerte Jonas zu. Jonas lächelte zurück und

schaute sich weiter in der Welt um. Es waren aber auch wirklich

Hinz und ... Kunz

in der Stadt unterwegs. Das hätte selbst seine Oma nicht leugnen können.

Nachdem sie alle Besorgungen erledigt hatten, gingen sie in Richtung Eisdiele. Irgendwie lag sie fast immer auf ihrem Weg – egal, aus welchem Geschäft sie am Schluss ihres Einkaufsbummels gerade kamen. „Da sieht man es mal wieder", sagte Opa dann immer augenzwinkernd:

„Alle Wege führen ... nach Rom."

Dass Oma und Opa das bewusst so geplant hatten, verstand Jonas natürlich erst, als er viel älter war …

Schon beim Betreten der Eisdiele fühlte sich Jonas wie in einer anderen Welt. Es duftete so gut. Wonach, konnte er allerdings nicht genauer beschreiben – nach Eisdiele. Die drei legten ihre Jacken ab und setzten sich an einen Tisch. Es dauerte nicht lange, dann kam schon ein freundlich aussehender Mann im weißen Hemd an ihren Tisch. Er begrüßte sie in einer für Jonas fremden Sprache und nahm die Bestellungen auf. Oma und Opa bestellten Kaffee. Dann wandte der Mann sich freundlich Jonas zu und fragte ihn: „Und für dich Signor Jonas, eine Kugel Vanilleeis?“ Jonas nickte und grinste, ein wenig beschämt und gleichzeitig voller Vorfreude. Denn damit hatte der Kellner

den Nagel auf den ... Kopf getroffen.

Ja, Jonas und seine Großeltern waren bekannte Gesichter in der Eisdiele. Das glückliche Gesicht des kleinen Jonas, wenn er sein Eis aß, konnte man auch nicht vergessen. Nach knapp einem Jahr fragte der freundliche Mann Jonas, ob er nicht einmal eine andere Sorte Eis probieren wollte. Doch Jonas schüttelte den Kopf, noch bevor der Mann ihm sagen konnte, welche Sorten er im Angebot hatte. Sein Opa lächelte und strich Jonas behutsam über den Kopf. Mit einem Augenzwinkern sagte er:

„Was der Bauer nicht kennt, ... frisst er nicht."

Jonas bekam natürlich seine Kugel Vanilleeis. Er aß sein Eis ganz langsam bis zum letzten Klecks. Die Großeltern unterhielten sich währenddessen über

dies und ... das.

Und Jonas schaute glücklich durch das Schaufenster

der Eisdiele den Leuten zu, die an ihnen vorbeigingen. Es herrschte dort ein reges Treiben. Jonas fühlte sich inmitten seiner Großeltern am wohlsten.

Später gingen die drei gemütlich zum Auto zurück. Und alle drei freuten sich schon auf den nächsten gemeinsamen Ausflug in die Stadt …

WER NICHT WAGT, DER NICHT GEWINNT

Den ganzen Sommer hatte Jens darauf gewartet, dass die Sommerpause endlich vorbei sein würde. Welche Sommerpause? Richtig: die vom Fußball. Jens vermisste die Fußballnachmittage mit seinen Freunden an den Wochenenden. Fast das ganze Jahr über trafen sie sich am Spielfeldrand und feuerten die Spieler an. Nur in der Sommerpause blieben diese Treffen aus. Für Jens war in dieser Zeit wirklich

Hopfen und ... Malz verloren.

An den fußballfreien Samstagnachmittagen wusste er einfach nichts mit sich anzufangen. Seine Frau Gerda hatte einmal einen Grillnachmittag mit den Freunden organisiert, die Jens sonst am Spielfeldrand traf. Begeistert war er von der Idee nicht gewesen – aber er machte mit:

In der Not ... frisst der Teufel Fliegen.

Und er hatte ja, weiß Gott, sowieso nichts anderes vor. Also wurden Würstchen und Nackensteaks gegrillt. Die Männer standen neben dem Grill herum, und die Frauen klönten ...

Aber dann. Etliche Wochenenden später war er da: der

erste Spieltag der neuen Saison. Da wurden die Trikots schon am Freitagabend für den nächsten Tag herausgelegt. Schließlich wollten sich alle gut auf den ersten Spieltag einstimmen.

Nach dem Mittagessen, das Jens ziemlich zügig einnahm, zog er das Trikot seiner Mannschaft an und legte den Mannschaftsschal um. Auch beim Fußball hieß es:

Kleider machen ... leute.

Ungefähr eine Stunde vor Spielbeginn trafen sich die Männer am Spielfeldrand und sicherten sich die besten Plätze. Da zu diesem Zeitpunkt noch recht wenige Fußballfreunde dort waren, gelang ihnen dieses Vorhaben.

Frisch gewagt ... ist halb gewonnen.

Bei einer Flasche Bier wurden die Fußball-Neuigkeiten aus der Lokal-Presse diskutiert. Dabei ging es um Spielerwechsel, neue Taktiken des Trainers, den neuen Rasen auf dem Spielfeld und die neuen Trikotfarben. Eben

dies und ... das

rund um das Fußballgeschehen.

Dann ging es los. Die Spieler kamen aus den Kabinen und liefen auf dem Spielfeld ein. Anstoß.

Sofort wurden die Spieler angefeuert, was das Zeug hielt. Und niemandem fiel auf, dass zwischen diesem und dem letzten Spiel fast ein ganzer Sommer lag. Es war

die Macht der ... Gewohnheit

und das Fußballfieber, das die Fans auf den Tribünen antrieb. Zur Halbzeit stand es eins zu eins. Zeit zu verschnaufen. Da Jens bereits wieder Hunger verspürte, stellte er sich mit seinen Kameraden an den Bratwurststand. Mit einer kühlen Flasche Bier begann die Halbzeitanalyse.

Sie fiel so aus: Für den Saisonbeginn war die erste Halbzeit

mehr schlecht ... als recht

verlaufen. Aber trotzdem unterhaltsam. Alle waren sich einig, dass die andere Mannschaft wirklich ein schwieriger Gegner war.

Zur Halbzeit war die eigene Mannschaft nicht wirklich die Überlegene gewesen. Aber Jens war sicher:

„Was nicht ist, ... kann noch werden."

Gegen Ende der Halbzeitpause fanden sich alle wieder auf ihren Plätzen ein. Der Pfiff des Schiedsrichters ertönte – das Spiel ging weiter. Schon nach zwei Minuten bekam Jens' Mannschaft den nächsten Gegentreffer. Buh-Rufe und Pfiffe ertönten von den Rängen. Das Publikum wurde langsam ungehalten.

Dann, plötzlich, nahm der linke Abwehrspieler den Ball an und lief los. Es schien, als

rannte er um sein ... leben,

lief mit dem Ball um seine Gegenspieler herum und schoss – „Tooooooor!", ertönte es von den Rängen, und alle sprangen auf.

Von jetzt auf ... gleich

waren alle wieder mit ihrer Mannschaft versöhnt. Von da an galt es, den Siegtreffer zu erzielen. Niemand setzte sich wieder. Alle feuerten die Spieler an, so gut sie es konnten. Und dann endlich, kurz vor dem Schlusspfiff, setzte das Team noch einmal zum Gegenangriff an. Aus einer schier unmöglichen Situation schoss der linke Abwehrspieler den entscheidenden Treffer – derselbe, der schon das erste Tor für seine

Mannschaft erzielt hatte.

Die Zuschauer lagen sich in den Armen und feierten ihre Mannschaft. Jens bemerkte voller Bewunderung: „Da sieht man wieder mal:

Wer nicht wagt, ... der nicht gewinnt!"

Und alle gingen zufrieden und in Vorfreude auf das Spiel am folgenden Samstag nach Hause ...

MAN MUSS DAS EISEN SCHMIEDEN, SOLANGE ES HEISS IST

Lotta legte ihren Schal um und setzte sich die rote Bommel-Mütze auf den Kopf. Dann zog sie ihre dicke Winterjacke an und stapfte mit den warmen Stiefeln in Richtung Wohnungstür. Die dicke Hose und die warm gefütterten Stiefel machten ihr das Laufen nicht gerade leicht, aber

wer langsam geht, ... kommt auch ans Ziel.

Lotta öffnete die Tür und ging hinaus in den Hausflur. Um die Nachbarn nicht auf sich aufmerksam zu machen, zog sie die Tür leise ins Schloss.

Schlafende Hunde ... soll man nicht wecken!

Die Nachbarn waren nicht unfreundlich – im Gegenteil. Aber Frau Schmidt vom Stockwerk tiefer tätschelte Lotta immer die Wange, wenn sie ihr über den Weg lief, und das konnte Lotta überhaupt nicht ausstehen. Und mit der dicken Hose und den warmen Schuhen kam sie auf keinen Fall schnell genug aus dem Hausflur heraus. Leise ging sie also den Treppenabsatz herunter.

Lotta war gerade an Frau Schmidts Wohnungstür vorbeigeschlichen, als sie ihre Mutter von oben rufen hörte: „Lotta, du hast deine Handschuhe nicht mitgenommen. Im Schnee ist es ohne sie zu kalt!“

Sie zuckte zusammen und schaute dann durch das Geländer nach oben, wo ihre Mutter mit den Handschuhen wedelte. Nach einem lauten Seufzer stiefelte sie die Treppen wieder hinauf.

Was man nicht im Kopf hat, ... hat man in den Beinen.

Bevor Lotta wieder hinunterging, vergewisserte sie sich, dass die Türen der Nachbarn geschlossen waren.

Und tatsächlich, sie schaffte es ungesehen vor die Haustür ...

Es war alles weiß! Der Schnee der vergangenen Nacht hatte die Straßen und Gehwege bedeckt. Sogar der Vorgarten war komplett in Schnee getaucht. Lotta war

Feuer und ... Flamme

und begann sofort, in den Händen einen Schneeball zu formen. „Ob man daraus schon eine Schneekugel machen kann?“, fragte sie sich und fing an, ihren Schneeball im Schnee zu drehen und zu wenden. Tatsächlich – der Schnee pappte. Lotta rollte ihre Kugel kreuz und ... quer

durch den rechten Teil des Vorgartens. Dann mit Schwung über den Gehweg und noch einmal über den Rasen links vorm Haus. Die Kugel wurde größer und größer – vor allem schwerer. Mit allerletzter Kraft rollte Lotta die fertige Schneekugel auf den Gehweg vor dem Haus und musste sich erst einmal setzen, um zu verschnaufen.

Ohne Fleiß ... kein Preis!

Die Kugel ging der Kleinen fast bis zur Hüfte, so konnte sie sich ganz einfach draufsetzen, wie auf eine Bank. Stolz schaute sie an sich und der Kugel herunter und dachte: „Dann fehlen mir ja nur noch zwei, und ich habe den größten Schneemann auf der ganzen Welt!“

Sie beschloss, die Gelegenheit zu nutzen, hüpfte von ihrer Schneekugel herunter und begann rasch mit der nächsten:

Man muss das Eisen schmieden, ... solange es heiß ist.

Dieses Mal fing sie auf dem Gehweg vor dem Haus an. Plötzlich hörte sie jemanden durch den Schnee kommen. Sie schaute auf. Vor ihr stand Herr Müller mit einer Schneeschaufel in der Hand. Herrn Müller gehörte das Haus, in dem sie wohnten. Lotta schaute ihn an. Ihre Wangen waren knallrot vor Eifer. „Hallo Lotta“, sagte er zu ihr, „du bist aber schon fleißig gewesen.“ Seine Stimme klang freundlich. Trotzdem nickte Lotta nur zaghaft. Sie befürchtete, dass er ihr den ganzen Schnee wegschaufeln würde. Dabei brauchte sie doch noch zwei Kugeln – eine für den Bauch und eine für den Kopf ihres Schneemanns. Herr Müller sah die Sorge in ihren Augen. Schließlich

sind die Augen ... der Spiegel der Seele.

Und er begriff schnell. „Na, dann habe ich ja hier gar keine Arbeit mehr. Vielen Dank, kleine Lotta, dass du den Schnee vom Gehweg schon fast weggeräumt hast!“ Was hatte er da gesagt? Lotta

traute ihren ... Ohren nicht:

Sie hatte den Schnee weggeräumt? Dann schaute sie vor sich auf den Gehweg. Aber ja, erst da sah sie es: Ihre Schneekugel hatte deutliche Spuren hinterlassen. Überall dort, wo sie die Kugel entlanggerollt hatte, war der Schnee fast verschwunden. Ein Lächeln ging über ihr Gesicht, und ihre Wangen bekamen mit einem Mal noch mehr Farbe.

„Ich mach dir einen Vorschlag, kleine Lotta. Du hilfst

mir hier noch ein wenig beim Schneeräumen, und ich helfe dir dann später, deinen Schneemann fertig zu bauen. Die Kugeln werden bestimmt schwer sein! Ich werde auch einen Schal und eine Karotte für den weißen Zeitgenossen hier besorgen – und meine Frau um eine Tasse Kakao für uns bitten. Einverstanden?“

Lotta strahlte. Natürlich war sie einverstanden! Und sie fing gleich wieder an, ihre Kugel weiter durch den Schnee zu rollen …

APRIL, APRIL, DER MACHT DOCH WAS ER WILL

Seit Tagen haben wir hier richtiges Aprilwetter. Pünktlich am ersten April ging es los. Ich saß gerade in der Küche und las die Morgenzeitung, als meine Frau aus dem Wohnzimmer rief: „Schau mal, Karl,

es gießt wie aus ... Eimern.

Ganz plötzlich!“ Ich konnte es kaum glauben und hielt es zuerst für einen Aprilscherz. Einige Minuten zuvor hatte doch noch die Sonne geschienen. Aber tatsächlich, es regnete Bindfäden. Meine Frau kam zu mir in die Küche, und wir schauten gemeinsam aus dem Fenster. Ich fügte hinzu:

„Da sieht man ja die Hand ... vor Augen nicht.

Na, dann werden wir die Gartenarbeit wohl auf morgen verschieben müssen.“ Rosi – meine Frau – seufzte tief und stimmte mir zu. Sie machte sich ans Wischen, und ich trank noch schnell meinen Kaffee aus und las die Zeitung zu Ende. Als ich gerade mein Geschirr in die Spüle räumte, wurde es auf einmal taghell in der Küche. Ich traute meinen Augen nicht – die Sonne schien. Der Himmel war hellblau. Ich eilte zu Rosi: „Schau dir das an, das Wetter hat sich schon wieder geändert.

Das geht doch auf keine ... Kuhhaut!"

Rosi lächelte: „Nun ja, wir haben jetzt April. Wie heißt es in dem Gedicht?

Mal Regen und mal ... Sonnenschein.

Dann schneit's auch wieder zwischendrein. Das werden wir ab jetzt wahrscheinlich häufiger erleben." „Aber heute ist doch gerade mal der Erste ...", fügte ich hinzu. Rosi zuckte mit den Schultern und wischte gelassen weiter.

Ich ging ins Wohnzimmer und blickte durch die Terrassentür in den Garten. „Eigentlich", dachte ich, „könnte ich mich dann doch gleich draußen an die Arbeit machen.

Was du heute kannst besorgen, ... das verschiebe nicht auf morgen.

Die Sonne wird den Garten schon trocknen." Dessen war ich mir sicher. Ich ging also in den Keller, zog mir meine Arbeitshose an und nahm ein paar Werkzeuge mit. Draußen war die Feuchtigkeit in der Luft schon fast verflogen. Auf einigen Blättern waren noch Wassertropfen zu sehen, ansonsten waren aber keine Anzeichen des großen Regens mehr vorhanden. Ich ging in den Geräteschuppen und schob den Rasenmäher auf die Wiese. Ich überlegte, ob es gut sei, jetzt sofort mit dem Mähen anzufangen, schließlich war das Gras sicherlich noch nass. Das konnte ich nur herausfinden, wenn ich es ausprobierte:

Probieren geht über ... Studieren.

Ich zog meine Gartenhandschuhe an und setzte den Rasenmäher in Gang. Nach genau einer Bahn tröpfelte mir etwas in den Nacken. Ich schaute nach oben. Am Himmel war eine dicke graue Wolke zu sehen, die sogleich die Sonne verdunkelte. Es fing tatsächlich wieder an zu schütten.

Schnell wie der ... Wind

flüchtete ich mit dem Rasenmäher in den Schuppen. Doch schon auf halber Strecke war ich

nass bis auf die ... Haut.

„Das ist doch wirklich zum Junge-...Hunde-Kriegen!",

schimpfte ich vor mich hin. Ich sah Rosi an der Terrassentür, die mich zu sich hereinwinkte. Ich spurtete geschwind über die Terrasse und war dann endlich im Trockenen. Unter mir bildete sich sofort eine Pfütze auf dem Fußboden. Mit entschuldigendem Blick schaute ich Rosi an. „Lass gut sein!“, sagte sie „ich mach das gleich weg. Erst mal

die Schäfchen ... ins Trockene bringen."

Sie zwinkerte mir zu. Ich zog mich rasch um und verbrachte den Rest des Tages vor dem Fernseher. Anfangs hatte ich richtig schlechte Laune. Aber durch ein bisschen Aprilwetter lassen Rosi und ich uns nicht unterkriegen – wir haben es uns dann im Wohnzimmer gemütlich gemacht. Und abends gab es sogar Schnittchen vor dem Fernseher.

Da man aber nun nicht den ganzen Tag in der guten Stube hocken kann, haben wir jetzt immer alles bei uns, wenn wir vor die Tür gehen: Regenschirm, Regenjacke und Gummistiefel. So kann uns das Wetter nichts mehr anhaben, denn jeder weiß ja:

April, April, der macht doch, ... was er will.

DA LIEGT WAS IN DER LUFT

Gestern Abend hatten wir unser erstes Klassentreffen nach der Schulzeit – nach fünfzehn Jahren! Fünfzehn Jahre hatten die meisten von uns sich nicht mehr gesehen. Im Vorfeld hatte ich mich sehr auf den Abend gefreut und war zugleich sehr gespannt, was meine ehemaligen Klassenkameraden in den letzten Jahren erlebt hatten. Ich hatte richtig Herzklopfen. Das kennt wohl jeder:

Vorfreude ist ... die schönste Freude.

Trotzdem hoffte ich, dass es nicht nur bei der Vorfreude bleiben würde. Natürlich gab es früher zwischen dem einen oder anderen kleine Streitigkeiten. Aber

die Zeit heilt ... alle Wunden,

dachte ich, denn großen Streit gab es eigentlich nie. Deshalb war ich mir recht sicher, dass es ein schöner Abend werden würde. Und das wurde es auch. Wir trafen uns im Dorfkrug, einer kleinen Kneipe mitten im Ort. Zu Beginn waren alle noch etwas verhalten, da wir uns alle erst wiedererkennen mussten. Man hatte das Gefühl,

da liegt was in der ... Luft.

Und alle waren vermutlich gleichermaßen gespannt darauf, sich mit den ehemaligen Klassenkameraden auszutauschen.

Schon nach ein paar Minuten waren die anfänglichen Unsicherheiten verflogen. Nachdem wir uns wieder miteinander bekannt gemacht hatten, fingen auch schon alle an, sich in kleinen Grüppchen oder paarweise zu unterhalten. Und auch hier konnte man sehen:

Lachen ist die ... beste Medizin.

Sie hilft auch gegen die Aufregung. Man wurde lockerer, überall wurde gelacht, und ich blickte in viele fröhliche Gesichter. Neuigkeiten brachte der Abend allemal. Ich war überrascht, dass meine frühere Sitznachbarin Inge nun mit Hans verheiratet war. Das hätte ich nun gar nicht erwartet. Tja:

Wo die Liebe ... hinfällt.

Dass Rita und Friedhelm ein Paar waren, hat mich allerdings nicht überrascht. Die zwei haben sich die gesamte Schulzeit über fast nur gezankt. Wie die Streithähne. Uns anderen war schnell klar gewesen:

Was sich liebt, ... das neckt sich.

Rita und Friedhelm schienen ihre Liebe jedoch erst später, nach der Schulzeit, entdeckt zu haben. Aber immerhin –

besser spät ... als nie.

Nach dem gemeinsamen Abendessen fingen die Ersten auch schon an zu tanzen. Und es waren fast genau diejenigen, die früher in den Milchbars oder an Geburtstagen auch immer als Erste auf der Tanzfläche waren.

Manche Dinge ändern ... sich nie.

Ich bestellte mir an der Theke noch ein Glas Weißwein und traf dort auf Klaus. Klaus hatte damals in der Schule ein Auge auf mich geworfen, aus uns ist aber nie ein Paar geworden. Er ist bis heute nicht verheiratet. Sehr zum Missfallen seiner Mutter, wie er mir erzählte. Ja, er hat mir wieder viel aus seinem Leben erzählt – so wie früher. Ich weiß jetzt, wo er arbeitet, welche Schuhe er gern anzieht, wie viele Freundinnen er in den letzten fünfzehn Jahren hatte und welches Essen seine Mutter sonntags immer für ihn kocht. Es war ein sehr langes Gespräch, bei dem meist nur er redete. Ich aber dachte stets:

„In der Kürze ... liegt die Würze."

Als ich Klaus erzählte, dass ich glücklich verheiratet und Mutter zweier Kinder bin, war unsere Unterhaltung schnell zu Ende. Ein bisschen tat er mir schon leid. Aber ich glaube, was die Bekanntschaft mit Frauen angeht, ist bei Klaus wirklich

Hopfen und ... Malz verloren.

Riesig habe ich mich gefreut, meine Schulfreundin Ina wiederzutreffen. Wir hatten uns lange nicht gesehen, obwohl wir in der Schule viel Zeit miteinander verbracht hatten. Ina war immer sehr ruhig gewesen, ein wenig schüchtern vielleicht. Ich hatte sie trotzdem – oder vielleicht gerade deswegen sehr gern. Gestern Abend haben wir uns lange unterhalten, wirklich über

Gott und ... die Welt.

Und bei der Unterhaltung habe ich es auch wieder gespürt:

Stille Wasser ... sind tief.

Gleich für morgen bin ich bei Ina und ihrer Familie zum Kaffeetrinken eingeladen. Und ich bin mir sicher, dass wir uns dieses Mal nicht wieder so schnell aus den Augen verlieren werden ...

MIT SPECK FÄNGT MAN MÄUSE

Im Sommer fährt Maria oft mit ihren Eltern an den Badesee. Meistens an den Wochenenden. So auch heute. Es ist Samstagmorgen. Normalerweise wird Maria samstags nicht gerne früh geweckt. Und schon gar nicht, wenn ihre Mutter mit einem Besenstiel gegen ihre Zimmertür klopft. Wenn sie aber an den Badesee fahren, ist das natürlich etwas anderes. Dann freut sich Maria sogar, wenn sie früh geweckt wird. Ihre Mutter ist dann immer sehr überrascht, dass Maria sie nicht wie sonst immer wegschickt, aber:

Mit Speck fängt man ... Mäuse.

Das Gepäck für den Ausflug an den Badesee packt die Familie meist schon am Freitagabend. So können sie samstags direkt nach dem Frühstück losfahren.

Maria hat eine jüngere Schwester: Isabell. Maria findet ihre Schwester manchmal anstrengend, aber im Grunde sind die beiden

ein Herz und eine ... Seele.

Außerdem hat Maria durch Isabell eine gute Ausrede dafür, dass sie manchmal noch mit Puppen spielt. Die anderen Mädchen in ihrem Alter haben ihre Puppen schon längst weggegeben. Maria würde es nie übers Herz bringen, ihre liebe Puppe wegzugeben, schließlich waren sie immer zusammen

durch Dick und ... Dünn gegangen.

Aber wieder zurück zu der Fahrt an den Badesee. Dort angekommen, suchen sie sich am Strand einen schönen Platz. Er sollte schattig sein, weil Marias Papa nicht den ganzen Tag in der prallen Sonne sitzen möchte. Marias Mutter friert leicht, deshalb wünscht sie sich ein Fleckchen Sonne auf der Picknickdecke. Für Maria und Isabell müssen die Eltern vom See aus gut zu sehen sein. Sonst dauert es immer so lange, bis sie sie nach dem Baden finden. Maria sagt immer, zwischen all den Menschen und Sonnenschirmen sei das, als suchte man

die Nadel ... im Heuhaufen.

Als sie endlich einen guten Platz gefunden haben, dauert es nicht lange, bis die Mädchen im Wasser sind. Mutter und Vater ruhen sich auf der Decke erst einmal von der Fahrt aus. Allerdings kommt Maria schon nach kurzer Zeit zurück. Sie jammert, ihr sei langweilig.

Ihr Vater setzt sich auf und zieht sich den Sonnenhut vom Kopf. Entrüstet fragt er: „Sag mal, Mariechen, bist du eigentlich nie zufrieden?

Das geht ja auf keine ... Kuhhaut!

Da liegst du uns die ganze Woche in den Ohren, dass du zum Badesee fahren möchtest, und kaum sind wir hier, beschwerst du dich auch schon wieder!

Gleich platzt mir der ... Kragen!

Wo soll das alles noch hinführen?“ Marias Mutter nimmt ihre Tochter zur Seite. Sie hat schnell den Grund für Marias vermeintliche Langeweile erkannt und ahnt etwas. Marias kleine Schwester Isabell sitzt mit anderen Kindern ihres Alters im Sand und baut Burgen – eine schöner als die andere. Um die Burgen herum sind innerhalb kürzester Zeit sogar schon tiefe Gräben entstanden. Da kann man wirklich sehen:

Übung macht den ... Meister.

Maria aber hat gerade niemanden in ihrem Alter da, den sie kennt. Und sich zu ihrer kleineren Schwester zu gesellen und Sandburgen zu bauen, dafür ist sie zu alt. Der Meinung ist jedenfalls Maria.

Die Mutter macht Maria verschiedene Vorschläge, was sie tun könnte: ein Buch lesen, spazieren gehen, in der Sonne dösen, eine Zeitschrift durchblättern ... Es ist aber nichts dabei, wofür sie sich entscheiden kann.

Wer die Wahl hat, ... hat die Qual.

Außerdem will Maria eigentlich nur schmollen, sie hat wirklich schlechte Laune. Ihre Mutter will sich gerade wieder hinlegen, das sitzt Maria auf einmal kerzengerade und mit ihrem schönsten Lächeln auf der Decke. In unmittelbarer Nähe ist eine Familie angekommen, die sie in den letzten Wochen schon öfter dort getroffen haben – und die einen Sohn in Marias Alter hat. Marias Mutter hat schon bemerkt, dass ihre Tochter ein Auge auf den Jungen geworfen hat. „Aha", denkt die Mutter, „hab' ich es doch gewusst!

Daher weht also der ... Wind."

Maria sitzt fast unbeweglich auf der Decke und konzentriert sich, ihren eingeübten Gesichtsausdruck beizubehalten. Als ihre Mutter gerade etwas sagen möchte, steht der Junge plötzlich auf und kommt auf Maria zu. Er fragt höflich, ob Maria vielleicht mit ihm schwimmen gehen möchte. Verunsichert schaut Maria ihre Mutter an. Die nickt ihr ermutigend zu und denkt dabei: „Na los, meine Kleine,

wer nicht wagt, ... der nicht gewinnt!"

Maria zögert kurz, steht dann aber auf und geht mit dem Jungen zum Wasser. „So ein glückliches Gesicht hat Maria lange nicht mehr gemacht …“, sagt sie zu ihrem Mann. Als sie keine Antwort bekommt, schaut sie zu ihm herüber. Er schläft. „Na, ist vielleicht besser so“, denkt sie mit einem Grinsen im Gesicht …

AUF DEN HUND GEKOMMEN

Bunte Blätter, raschelndes Laub und frischer Wind … so mag Florian den Herbst. Wenn es nicht gerade

gießt wie aus … Eimern,

geht er am liebsten mit seinem Hund Othello im Wald spazieren. Zu zweit streifen sie durch das hohe Laub, suchen die schönsten Stöcke und beobachten die Eichhörnchen beim Spielen. Florian mag den Duft im Wald, wenn es Herbst ist. Und auch Othello scheint es im Herbst dort besonders gut zu gefallen. Ständig steckt er die Nase ins Laub und schnüffelt ganz kräftig. Ja, …

Gleich und Gleich … gesellt sich gern.

Florian und Othello sind ein gutes Team. Als Florian Othello vor vier Jahren geschenkt bekam, war es zwischen den beiden

Liebe auf den ersten … Blick.

Damals war Florian fünf Jahre alt. Er hatte sich sehnlichst einen Hund gewünscht. Seine Tante Hedi hatte damals ein Hündchen, mit dem Florian gern spielte und das er beim Spazierengehen auch mal selbst an der

Leine halten durfte. Dadurch war er im wahrsten Sinne des Wortes

auf den Hund ... gekommen.

Nun ist Florian schon neun Jahre alt, und er und Othello sind immer noch unzertrennlich. Mittlerweile darf Florian allein mit Othello Gassi gehen. Er ist alt genug, um auf den Verkehr zu achten, und stark genug, um Othello an der Leine zu führen.

Aber meist gehen die beiden sowieso in den Wald. Dort fahren keine lauten Autos, und Othello kann frei und ohne störende Leine herumlaufen.

Wenn Florian Othello von der Leine lässt, muss er natürlich darauf achten, dass Othello die Tiere im Wald nicht stört. Und dafür muss Othello gut auf Florian hören. Er darf ihm keinesfalls

auf der Nase ... herumtanzen.

Aber das tut er ja nicht. Florian hat Othello sogar beigebracht, sich still neben ihn zu setzen, wenn sie mal wieder im Wald die Eichhörnchen beobachten. Dann hocken die beiden, so wie heute, ganz still im tiefen Laub und schauen den Eichhörnchen bei der Futtersuche zu. Es ist so leise, man könnte förmlich das Gras ... wachsen hören.

Nur die Eichhörnchen rascheln auf ihrer Suche nach Bucheckern, Nüssen und Eicheln durch die schon heruntergefallenen bunten Blätter auf dem Waldboden. Dabei flitzen sie immer wieder die Bäume hoch und runter, klettern in Büsche und kommen auf der anderen Seite wieder heraus. Florian hat einmal versucht, die Eichhörnchen zu zählen, aber leider war das vergebliche Mühe.

Flink wie die ... Wiesel

huschen sie quer durch den Wald, sind

mal hier, mal ... dort

und dann doch wieder woanders. Außerdem sehen sich die Eichhörnchen sehr ähnlich, findet Florian. Dass er sie nicht zählen kann, tut seiner Freude keinen Abbruch. Noch eine ganze Weile sitzen er und Othello im Laub und beobachten die kecken kleinen Wesen.

Dann ist es genug. Florian spürt, dass Othello langsam unruhig wird und ihn immer wieder anschaut, als wollte er sagen:

„Wer rastet, ... der rostet!"

„Ja, du hast Recht. Wir haben hier lange genug gesessen. Komm, lass uns Stöcke suchen!“, sagt Florian und winkt Othello hinter sich her, während er in Richtung Weg läuft. Das lässt sich Othello nicht zweimal sagen und springt schwanzwedelnd neben Florian her.

Auf einer nahe gelegenen Lichtung darf Othello dann endlich so weit und so schnell rennen, wie es sein Herz begehrt. Dort stört er nämlich keine anderen Tiere. Florian wirft einen Stock, den Othello ihm jedes Mal stolz zurückbringt. Die Wiese ist noch feucht vom Regen der letzten Tage. Und im Gras liegen bunte Blätter, die der Wind aus dem Wald herübergeweht hat. Florian sammelt die schönsten Blätter auf. Er mag den Herbst. Und so wie sein Hund Othello über die Wiese tobt, scheint er sich genauso zu freuen. Es ist wahr:

Geteilte Freude ist ... doppelte Freude.

SCHLAFENDE HUNDE SOLL MAN NICHT WECKEN

Johanna war Bäuerin – durch und durch. Vor drei Jahren hatte sie den elterlichen Hof übernommen. Johanna war der Meinung, dass ihre Eltern genug gearbeitet hatten. Die beiden konnten sich aber nicht gleich ganz von der Arbeit zurückziehen. Schließlich hatten sie ihr Leben lang die Ställe ausgemistet, Kühe gemolken, Hühner und Schweine gefüttert und die Pferde auf die Weide gebracht. Johannas Mutter war allerdings froh, nicht mehr morgens in aller Herrgottsfrühe aufstehen und die Kühe melken zu müssen. Dabei hatte sie immer beteuert:

Der frühe Vogel ... fängt den Wurm.

Das Ausschlafen genoss sie aber nur ganze zwei Male. Dann ging es ihr auf die Nerven, ab vier Uhr wach im Bett zu liegen und an die Decke zu schauen. Nach so vielen Jahren frühen Aufstehens war es gar nicht so einfach, auf einmal morgens länger liegen zu bleiben. Bei ihr war es

die Macht der ... Gewohnheit,

die sie aus dem Bett trieb. Also stand sie zwar weiter frühmorgens auf, bereitete dann aber die Küche vor, während ihre Tochter Johanna bei den Kühen war. Auf

Johanna wartete dann frisch aufgebrühter Kaffee, wenn sie vom Melken zurückkam. Etwas zu stark für ihren Geschmack, aber

einem geschenkten Gaul ... schaut man nicht ins Maul.

Und

über Geschmack lässt sich ... streiten.

Streiten wollte Johanna auf keinen Fall. Sie war froh, dass sich ihre Eltern ein wenig aus den täglichen Arbeiten zurückzogen. Ein Streit hätte die beiden gewiss verunsichert, und sie wären dann bestimmt wieder ihren alten Gewohnheiten nachgegangen. Nein,

schlafende Hunde ... soll man nicht wecken.

Ihr Vater machte zweimal am Tag einen Rundgang über den Hof ,und dabei konnte es von Johanna aus auch bleiben. Sie hatten sich innerhalb der letzten drei Jahre arrangiert – und waren so zufrieden.

Johanna war froh gewesen, als sie den Hof endlich übernehmen durfte. Dass sie das eines Tages machen wollte, hatte sie schon als Kind entschieden. Sie hatte dort eine glückliche Kindheit erlebt und wollte den Geruch von frischem Heu und den Geschmack warmer Kuhmilch nie im Leben missen. Insgeheim wünschte sie sich, dass ihre eigenen Kinder eines Tages auch dort aufwachsen würden. Vor drei Jahren machte sie endlich

Nägel mit ... Köpfen

und schlug ihren Eltern vor, sich von da an allein um den Hof zu kümmern – mit ihrem Mann Klaus natürlich. Finanziell war der Hof keine Goldgrube, aber sie konnten dort nach Abzug aller Ausgaben gut leben. Die Finanzen hatte Johannas Mutter immer im Blick gehabt und stets darauf geachtet, dass sie nicht zu viel Geld ausgaben. Sie weiß nicht, wie oft sie von ihrer Mutter den Satz gehört hatte:

„Wer den Pfennig nicht ehrt, ... ist des Talers nicht wert."

Wie sehr hatte sie das als junges Mädchen genervt! Später verstand sie die Sparsamkeit ihrer Mutter. Und sie war ihr, spätestens bei der Hofübernahme, dafür sehr dankbar. Mit Schulden hätte Johannas Mann Klaus den Hof auch nicht

so mir nichts, ... dir nichts

mit übernommen. Vielmehr hatte er befürchtet, der Bauernhof verursache zu viele Kosten und sei ein Fass ohne … Boden.

Diese Befürchtungen hatten sich jedoch glücklicherweise nicht bewahrheitet. Die gute finanzielle Lage machte es Johanna sogar möglich, einen weiteren Traum zu leben: Sie eröffnete auf ihrem Bauernhof eine Reitschule für Kinder und feierte damit einen riesigen Erfolg. Sogar ihre Mutter genoss, dass sich von da an immer Kinder auf dem Hof tummelten – obwohl sie anfangs skeptisch gewesen war, dass dort auf einmal fremde Leute ein und aus gehen sollten.

Vorsicht ist eben … die Mutter der Porzellankiste.

Ihre Skepsis löste sich bald in Luft auf. Stolz übernahm sie die Führungen über den Bauernhof für die neuen Schüler der Reitschule. Insgeheim war sie sehr, sehr stolz auf ihre Tochter. Und noch mehr freute sie sich über die Nachricht, dass sie bald Oma werden würde …

LACHEN IST DIE BESTE MEDIZIN

Anette stand an dem großen Fenster und schaute auf das Rollfeld hinunter. Dort standen Flugzeuge,

so weit das Auge ... reichte.

Sie sah weit hinten kleine Propellermaschinen, die von ihren Besitzern gewartet wurden. Überall liefen Mitarbeiter des Flughafens in ihren grellen Warnwesten über das Rollfeld. Die großen Maschinen standen weiter vorne – dicht beieinander und

in Reih und ... Glied.

Es sah schön aus, wirklich. Dem bunten Treiben dort zuzusehen machte bestimmt dem einen oder anderen viel Spaß.

Anette aber hatte keinen Spaß. Sie hatte Bauchschmerzen und ganz weiche Knie. Es war ihr erster Flug mit einem Flugzeug. Und obwohl sie sich, als sie die Urlaubsreise gebucht hatten, sehr darauf gefreut hatte, war ihr auf einmal

angst und ... bange.

Und sie fragte sich schon zum dritten Mal an diesem

Morgen: „Wer hat mir eigentlich diesen

Floh ins ... Ohr gesetzt?"

Die Reise war ein Schnäppchen gewesen, das war keine Frage. Aber musste das unbedingt sein? Während Anette immer noch auf das Rollfeld hinunterstarrte, kam ihr Mann Norbert vom Schalter zurück. Er freute sich auf die Flugreise mit seiner Frau. Bedingt durch seinen Beruf war er früher viel geflogen und kannte viele Flughäfen der Welt. Man konnte sagen, er kannte sich dort aus

wie in seiner ... Westentasche.

Norbert sah Anette am Fenster stehen. Schon den ganzen Morgen war ihr mulmig gewesen, und er hatte sie nicht einmal lachen gesehen. Wie sie dort stand, sah sie wirklich aus

wie ein begossener ... Pudel.

Sie tat ihm leid, und er erinnerte sich an seinen ersten Flug. Ihm war damals auch nicht ganz wohl gewesen. Aber es war bei Weitem nicht so schlimm wie bei Anette. Er ging zu ihr und legte den Arm um sie. „Ganz schön groß, diese Flugzeuge. Findest du nicht auch?“, fragte sie ihn. Er nickte und sagte: „Du kannst jetzt im

Urlaub Mitbringsel für die Kinder kaufen, so viel du tragen kannst! Diesmal werden wir bestimmt auf dem Rückweg keine Probleme haben, den Kofferraum zuzubekommen.“ Dabei lächelte er sie an. Anette musste auf einmal lachen und fühlte sich gleich etwas besser. „Na siehst du“, sagte Norbert,

„Lachen ist… die beste Medizin!

Und wir werden dich schon heile über den Ozean bringen.“ Den letzten Satz hatte Anette zum Glück nicht gehört, sonst hätte sie Norbert wohl einen Stups in die Seite gegeben. Über den großen Ozean wollte sie sich nicht auch noch Gedanken machen. Sie dachte an die vielen vergangenen Familienurlaube, in denen sie wirklich immer so viel eingekauft hatten, dass sie Mühe hatten, den Kofferraum zu schließen. Und dass sie sich beim Einpacken immer in die Haare bekamen. Das war aber, Gott sei Dank, immer schnell vorbei gewesen. Norbert sagte immer mit einem Augenzwinkern:

„Was sich liebt … das neckt sich.

Und ich liebe meine Frau ganz besonders!“ Anette dachte an die letzte Autofahrt vom Schwarzwald nach Hause. Da spürte sie Norberts Hand auf ihrer Schulter. „Komm, Liebling, wir müssen jetzt an Bord. Du wirst sehen, nach dem Start ist alles halb so schlimm. Und wenn wir erst mal angekommen sind, werden wir's uns eine Woche lang gutgehen lassen und

auf der faulen ... Haut liegen.

Dann kannst du so viel lesen und schwimmen, wie du möchtest. Und natürlich einkaufen. Ich habe gehört, dass sie dort fantastische Handtaschen verkaufen!", fügte er mit einem Schmunzeln hinzu. Er hatte sie bei der Hand genommen und in das Flugzeug geführt. Anette lächelte, zwar zaghaft, aber sie lächelte. Skeptisch schaute sie sich im Flugzeug um und murmelte: „Na, dann hoffe ich mal, dass wir hier nicht

die Katze im Sack ... gekauft haben!"

Sie gingen langsam auf ihre Plätze und setzten sich. Die Sitze waren gemütlicher, als Anette gedacht hatte. Ihrem Bauch ging es nun schon viel besser. Sie schaute sich um und beobachtete die anderen Fluggäste und das Treiben auf dem Rollfeld, das sie durch ihr Fenster gut sehen konnte. Anette legte die Hände in ihren Schoß und spürte, dass sie ruhiger wurde. Mit Norbert an ihrer Seite würde sie

das Kind schon ... schaukeln.

Sie überlegte kurz und fragte dann Norbert mit einem

verschmitzten Lächeln: „Das mit der neuen Tasche gerade, war das dein Ernst?“ Norbert lachte und hob seine Hand: „Ja, natürlich.

Ein Mann ... ein Wort!"

Dann legte er seinen Arm um Anettes Schultern, und schon bald hoben sie ab in ihren ersten gemeinsamen Urlaub mit dem Flugzeug ...

SICH REGEN BRINGT SEGEN

Karl stand vor dem Spiegel und sah sehr zufrieden aus. Er hatte seinen neuen schwarzen Anzug angezogen und eine dunkelblaue Streifenkrawatte umgebunden. Die Auswahl des neuen Anzugs war ihm gar nicht leichtgefallen, und er hatte sich einige Modelle angeschaut, bevor er sich für dieses entschied.

Gut Ding ... will Weile haben.

Die lange Suche hatte sich gelohnt. Am Abend sollte die Vorstandssitzung stattfinden, und da wollte Karl besonders gut aussehen. Schließlich sollte keiner der anderen Vorstandsmitglieder daran zweifeln, dass sie für den neuen Posten den Richtigen in ihren Kreis berufen hatten.

Karl hatte eine exzellente Karriere hingelegt. Schon seine Lehre hatte er in dieser Firma absolviert. Damals war er noch ein richtiger Jungspund gewesen. Als er so galant in seinem neuen Anzug vor dem Spiegel stand, erinnerte er sich noch ganz genau daran, was sein Vater immer gesagt hatte, als Karl noch zur Schule ging:

„Früh übt sich, ... wer ein Meister werden will!"

Und sein Vater sollte Recht behalten. Durch einen Zufall war Karl in die Firma gekommen, und niemand hätte auch nur im Entferntesten geahnt, dass er es eines Tages bis in den Vorstand bringen würde. Die Zeit in der Lehre war natürlich alles andere als ein Zuckerschlecken. Es heißt ja nicht umsonst:

„Lehrjahre ... sind keine Herrenjahre."

Aber es hatte sich gelohnt. Obwohl er das eine oder andere Mal mit seinen Vorgesetzten aneinandergeraten war, hatte sich die Firma recht schnell und einheitlich entschieden, Karl nach der Lehre zu übernehmen. Später erfuhr er, dass sein Engagement und seine eigene Meinung sogar gute Argumente dafür waren, ihm eine Position in der Firma anzubieten.

Sich regen bringt Segen –

das hatte für Karl und seine Laufbahn in der Firma in jedem Fall

Hand und ... Fuß!

Denn so ging es im Verlauf seiner Karriere auch weiter. Karl scheute sich nicht vor zu viel Arbeit, war fleißig, zog immer neue Kunden an Land und machte auch reichlich Überstunden. Das wurde gern gesehen. Wenn es hart auf hart kam, hatte er seine eigene Meinung und bezog auch Stellung. Damit war er nicht immer für jeden ein angenehmer Zeitgenosse, aber er handelte im Sinne der Firma. Und es heißt ja nicht umsonst:

Keine Rose ... ohne Dornen.

Im Grunde genommen war Karl aber ein feiner Kerl. Er wusste eben, was er wollte. Und in den Vorstand zu kommen, war schon immer sein Ziel gewesen.

Lange schaute er sich im Spiegel an. Er gefiel sich in seinem neuen Anzug. „Vorstandsmitglied – wie gut sich das anhört!“, dachte er.

Auch sein Vater war sehr stolz gewesen, als Karl ihm die tollen Neuigkeiten verkündete.

Karl dachte an den Anfang seiner Lehre. Er wusste gar nicht mehr, wie er damals überhaupt an die Stelle gekommen war. Wahrscheinlich hatte sein Vater einen Bekannten, der wiederum jemanden kannte, der in der Firma beschäftigt war. Sein Vater kannte wirklich

Hinz und ... Kunz.

Aber das war mittlerweile nicht mehr wichtig.

Einem geschenkten Gaul ... schaut man nicht ins Maul.

Auf jeden Fall war Karl dankbar, dass er damals in der Firma hatte anfangen dürfen. Er rückte seine Krawatte noch einmal zurecht, putzte über seine neuen Manschettenknöpfe und zupfte einen kleinen Fussel vom Ärmel. Dann nahm er die guten Schuhe aus dem Karton und zog sie an.

Karl richtete sich auf. Ein wenig mulmig war ihm schon zumute. „Die erste Vorstandssitzung … Hoffentlich mache ich alles richtig und setze mich nicht gleich beim ersten Termin in die Nesseln“, dachte er und war wirklich etwas nervös. Eigentlich war er ja an seinem Ziel angekommen, auf das er so lange hingearbeitet hatte. Aber auch hier galt wohl wieder:

Aller Anfang ist schwer.

Er fühlte sich wirklich fast wie an seinem ersten Schultag. Und auf einmal musste er lachen. Er hatte es so weit gebracht, da würde er auf den letzten Metern doch wohl keine weichen Knie bekommen! Karl atmete einmal tief durch. Dann ging er ins Wohnzimmer, wo er sich vor dem Umziehen einen Schluck Wein eingeschenkt hatte. Er nippte noch einmal an seinem Glas.

Dann machte er das Licht aus, nahm seinen Autoschlüssel von der Anrichte und zog die Wohnungstür hinter sich ins Schloss …

IN DER ALLERGRÖSSTEN NOT SCHMECKT DIE WURST AUCH OHNE BROT

„Wie herrlich doch die warme Suppe schmeckt!", schwärmt Anja. Tom stimmt ihr zu und grinst: „Da weiß man erst einmal, wie gut es uns eigentlich geht!" Anja und Tom sitzen in der Küche am Tisch und löffeln ihre Suppe. Warum die beiden so begeistert von der warmen Suppe sind?

Gestern ist doch tatsächlich für einen halben Tag der Strom in der Wohnung ausgefallen. Genauer gesagt, in der ganzen Siedlung. Anja war gerade dabei, eine Gemüsesuppe vorzubereiten, als

von jetzt auf ... gleich

das Licht in der Küche ausging. Und nicht nur das Licht. Auch die Musik hörte auf zu spielen, der Kühlschrank brummte nicht mehr, und die Herdplatte ging aus. Anja schaute sich verblüfft um und stand auf einmal in ihrer eigenen Küche

wie bestellt ... und nicht abgeholt.

Sie schaute aus dem Fenster. Draußen war alles ruhig. Dann ging sie aus der Wohnungstür und drückte auf den Lichtschalter im Hausflur. Auch dort bewegte sich nichts. „Ach herrje!“, murmelte sie, „da haben wir wohl einen Stromausfall.“ Sie klingelte bei Frau Müller nebenan und wollte nach dem Rechten sehen. Es rührte sich nichts. Antje wartete und klingelte noch einmal. Erst einen Moment später fiel ihr ein, dass ohne Strom die Schelle natürlich auch nicht ging. Sie klopfte an die Wohnungstür, und im Nu machte Frau Müller auf. Sie hatte den Stromausfall noch nicht bemerkt und zwinkerte Anja zu:

„Was ich nicht weiß, … macht mich nicht heiß –

ich war gerade mit Lesen beschäftigt, dafür brauche ich keinen Strom. Bleiben Sie ruhig, Kindchen. Wir haben hier schon so oft einen Stromausfall gehabt. Der Strom wird bald wieder da sein.“

Anja war wirklich etwas beunruhigt. Glücklicherweise war ja genug Tageslicht da, sodass sie wenigstens nicht im Dunkeln stand. Anja und Tom waren vor ein paar Wochen in die neue Wohnung gezogen. Deshalb war noch nicht alles ausgepackt und an seinem Platz. Und dass es in der Gegend häufiger einen Stromausfall gibt, hatte ihnen der Vermieter natürlich nicht erzählt. Frau Müller schaute sie erwartungsvoll an: „Brauchen Sie etwas, Kindchen?“ „Ähm, nein, danke“, antwortete sie und ging gedankenverloren in ihre Wohnung zurück.

Anja sah sich das Gemüse auf der Arbeitsplatte an und stand da

wie der Ochs ... vorm Berg.

Tom würde bald von der Arbeit heimkommen und sicherlich Hunger haben. Auf der Arbeitsplatte lagen Möhren, Erbsen, Kohlrabi, Sellerie und Kartoffeln. Außerdem stand ein Topf mit gekochtem Blumenkohl auf dem Herd. Der war wenigstens schon fertig. Anja überlegte und legte die Kartoffeln und die Erbsenschoten an die Seite. Damit konnte sie nichts mehr anfangen. Dann schaute sie in den Kühlschrank. Im Innern war es ungewöhnlich dunkel. Sie fand Quark, Sahne, Butter, Milch, Käse und einen Ring Fleischwurst.

Anja hatte nun ein kaltes Menü im Kopf, wofür sie den Herd nicht brauchte:

Not macht ... erfinderisch.

Außerdem mussten die Sachen aus dem Kühlschrank gegessen werden. Sie wusste ja nicht, wie lange der Strom noch wegbleiben würde. Zuerst rieb sie den Sellerie und bereitete eine Marinade aus saurer Sahne, Essig, Salz und Zucker vor. Selleriesalat hatte sie zwar noch nie gemacht, aber nach dem Rezept im Kochbuch ihrer Mutter zu urteilen, konnte das nicht so schwer sein. Sie war fast mit dem Reiben fertig, als es passierte: Für einen kurzen Moment hatte sie nicht aufgepasst – und sich mit der Reibe in den Finger geschnitten.

Ein Unglück … kommt selten allein!

Schnell nahm sie ein Trockentuch und stillte die Blutung. Als sie gerade in all den Umzugskartons ein Pflaster suchte, kam Tom in die Wohnung. Verdutzt sah er sie an. Anja war den Tränen nahe.

An diesem Tag klappte auch wirklich gar nichts! Außerdem fing sie an zu frieren, da die Heizung ja auch nicht mehr funktionierte. Tom suchte das Pflaster für sie, versorgte ihre Wunde und brachte ihr eine Wolldecke. Dann erzählte sie von dem Stromausfall.

Er nahm das Ganze gelassen, tröstete sie und lobte ihre Idee für das kalte Mittagessen.

„In der allergrößten Not … schmeckt die Wurst auch ohne Brot!",

sagte er und zwinkerte ihr zu. Dann machten sie gemeinsam das Essen. Das Kleinschneiden des Gemüses übernahm Tom. Mit ihrem verletzten Finger sollte Anja das Messer lieber liegen lassen:

Vorsicht ist die Mutter ... der Porzellankiste.

Sie rührte einen Kräuterquark an und bestrich die Brotscheiben mit Butter. Dann schöpfte sie den Blumenkohl ab und gab ihn in eine Schüssel. Tom würfelte den Käse und schnitt die Fleischwurst in Scheiben. Zusammen stellten sie alles auf den Küchentisch, legten Servietten dazu und zündeten eine Kerze an.

Zufrieden schauten sie auf den üppig gedeckten Tisch. Tom grinste: „Na, so sieht es wohl aus, wenn man

aus der Not ... eine Tugend macht!"

Anja war erleichtert. Als sie gerade gemütlich beisammen saßen und fast zu Ende gegessen hatten, spielte auf einmal das Radio weiter. Der Strom war wieder da. „Ach, so schlimm war es doch gar nicht!", sagte Tom und grinste. „Aber morgen essen wir unsere warme Suppe ..."

ERSTENS KOMMT ES ANDERS, UND ZWEITENS ALS MAN DENKT

Margarete geht noch einmal den Einkaufszettel durch: Butter, Mehl, Eier, Blumenkohl, Hackfleisch, Kartoffeln, Milch, Sahne und Spülmittel. „Hast du alles auf den Zettel geschrieben, was wir besprochen haben?", ruft sie Gerd zu, der im Wohnzimmer sitzt. Ein leises, brummendes „Jaha!" kommt zurück. Margarete zögert. Sie schaut doch lieber noch mal in den Kühlschrank –

Vertrauen ist gut, ... Kontrolle ist besser.

Nicht, dass sie hinterher wieder umkehren müssen, weil sie etwas vergessen haben. Nein, es steht alles drauf. „Gut", murmelt sie und holt ihre Handtasche. Sie steckt den Zettel ein und geht zu Gerd ins Wohnzimmer. „Also ich bin so weit", sagt sie „wie weit bist du mit deiner Zeitung?" „Ich bin gleich mit dem Sportteil durch und hol dann den Wagen aus der Garage", antwortet Gerd und liest die letzten Zeilen des Artikels über die Medaillengewinner bei Olympia.

Die Zeitung und sein Kaffee gehören für ihn zu einem guten Start in den Tag. Seit er Rentner ist, genießt er es sehr, dass er in Ruhe frühstücken kann. Für ihn steht fest:

Morgenstund ... hat Gold im Mund.

Nur wenn sie freitagmorgens einkaufen fahren, unterbricht er das Zeitunglesen und liest dann weiter, wenn sie wieder nach Hause kommen. Morgens ist es nicht so voll in den Geschäften, und Margarete hat gern alles früh erledigt. Sie sagt immer:

„Der frühe Vogel ... fängt den Wurm."

Ihm soll es recht sein. Er nimmt seinen Hut von der Garderobe und steckt den Autoschlüssel ein. Dann holt er den Wagen aus der Garage. Margarete schließt das Garagentor und steigt ein. „Hast du den Korb mitgenommen?“, fragt sie. „Der ist im Kofferraum“, antwortet Gerd und fährt los.

„Du hast ja wirklich an alles gedacht!“, sagt sie erstaunt und legt ihre Hand auf seine Schulter. Gerd zwinkert ihr zu: „Ich war zu faul, um noch mal zu fahren –

aus Schaden ... wird man klug.

Das hat mir am letzten Freitag gereicht.“ Er schaltet das Radio an. Die 9-Uhr-Nachrichten laufen. Noch bevor die Verkehrsnachrichten beginnen, biegen sie aber schon auf den Parkplatz des Ladens ein. Der Weg ist nicht weit.

Am Eingang steht ein Stand mit frischen Erdbeeren. Margarete geht sofort drauf zu: „Schau mal, Gerd, frische Erdbeeren. Darauf hab ich schon gewartet!“ Und sofort legt sie zwei Schälchen in den Einkaufswagen. Gerd begutachtet die Erdbeeren und sagt gleichzeitig: „Ich schau nur noch mal, ob sie wirklich frisch sind. Nicht dass wir

die Katze ... im Sack kaufen."

Zufrieden legt er sie wieder zurück in den Wagen. Margarete fragt ihn: „Was meinst du? Soll ich für Sonntag einen Erdbeerkuchen backen? Wir könnten die Kinder einladen ...“ Mit einem Augenzwinkern antwortet er: „Na, wenn bis dahin noch Erdbeeren da sind ...“ Und er stibitzt sich eine aus der Schale. „Na, sag einmal!“, ermahnt sie ihn. „Wenn das jemand sieht! Du kannst doch nicht ...“ „Ach was, Gretchen. Das geht schon in Ordnung. Ich werde die Ware, die ich kaufen möchte, wohl testen dürfen. Man weiß doch:

Es ist nicht alles Gold, ... was glänzt."

Margarete verdreht die Augen und wendet sich dem Blumenkohl zu. „Schlimmer als ein kleines Kind!“, murmelt sie, grinst aber dabei. Auch die Kartoffeln werden kurz begutachtet und landen dann im Einkaufswagen. Sie schiebt den Wagen weiter zur Kühltheke und packt ein halbes Pfund Butter, Sahne, Milch und Eier hinein. Mit einem Bleistift streicht sie die Sachen auf dem Einkaufszettel durch. Suchend schaut sie sich um:

„Da wird ja der Hund ... in der Pfanne verrückt!

Wo ist denn der Mann jetzt schon wieder?“, brummelt sie und meint natürlich Gerd. Sie findet ihn an der Wursttheke, wo er gerade einen Ring Fleischwurst bestellt. Als er die Fleischwurst in den Wagen legt, bemerkt sie nebenbei: „Die stand aber nicht auf der Liste.“

„Na, deine Erdbeeren auch nicht!“, erwidert er und zieht verschmitzt eine Augenbraue hoch. Margarete grinst. Gerd fährt fort: „Ich kaufe hier auch sonst immer meine Fleischwurst, das ist

die Macht der ... Gewohnheit.

Und wenn die Kinder am Sonntag kommen sollen, dann brauchen wir zum Abendbrot Fleischwurst. Ohne die geht es doch gar nicht!“ „Ja, ja, du hast ja mal wieder Recht“, stimmt sie ihm zu. „Besorgst du denn noch das Hackfleisch?“ Mit einem: „Na, aber selbstverständlich“ geht Gerd zur Fleischtheke und kommt mit Hackfleisch, einem Stück Speck und zwei Mettwürsten wieder.

„Auch für die Kinder?“, fragt Margarete grinsend. „Na klar, alles für die Kinder“, sagt er überzeugend und zwinkert ihr zu. „Jetzt lass uns noch eine Flasche Spülmittel besorgen, und dann geht es nach Hause“, sagt Margarete und schiebt den Wagen in die Abteilung mit den Haushaltswaren. Suchend schaut sie sich um: „Hm, sie scheinen umgeräumt zu haben. Hier stehen jetzt die Weichspüler. Aber davon brauchen wir sowieso noch eine Flasche.“ Noch während sie das sagt, stellt sie eine Flasche mit rosafarbenen Weichspüler in den Wagen. Dann machen sich beide endlich auf den Weg zur Kasse.

Gerd schaut sich skeptisch den Inhalt des Einkaufswagens an und betrachtet dann den Korb in seiner Hand. „Der ist viel zu klein für all die Sachen. Da passt längst nicht alles rein.“ Margarete streichelt ihm über die Wange. „Ja, das kennen wir doch schon:

Erstens kommt es anders, ... und zweitens als man denkt.

Komm, wir müssen noch zum Bäcker, die Kinder brauchen doch Sonntag leckeres Brot zur Fleischwurst! – Danach fahren wir aber wirklich nach Hause.“

Gerd dachte an seine Zeitung: „Na hoffentlich.

Dein Wort ... in Gottes Ohr.“

Und insgeheim hofft er, dass der Bäcker schon die leckeren Streuselschnecken gebacken hat …

Der SingLiesel-Verlag wurde vor einigen Jahren als Initiative Angehöriger gegründet und ist inzwischen einer der führenden Sachbuch-Verlage rund um das Thema Alter & Demenz. In vielen Einrichtungen und privaten Haushalten zählen die Bücher und Spiele aus dem SingLiesel-Verlag inzwischen zur Standardausstattung und werden von Pflegekräften, Angehörigen und Experten empfohlen. Ein Grund ist sicher, dass die SingLiesel-Bücher und -Spiele in der Praxis entstehen.

Erfahren Sie mehr über uns und unsere Bücher und Spiele für ältere Menschen.

www.singliesel.de